KB165230

당하는
여자

하는
남자

당하는
여자

하는
남자

침대 위
섹슈얼리티
잔혹사

김종갑 지음

모든 인간은 성적 변태다

짝짓기와 번식에 대해 상식처럼 알려진 진화론이 있다. 모든 동물은 발정기라는 극히 제한된 기간에만 짝짓기를 하지만, 인간은 시도 때도 없이 성행위를 한다는 사실이다. 이것은 동물의 짝짓기가 지극히 경제적이고 합목적적이라는 것을 의미한다(보노보 원숭이라는 예외가 있기는 하다). 동물은 생식이라는 목적과 무관한, 즉 불필요한 짝짓기는 하지 않는다. 목적이 없는 짝짓기는 에너지 낭비에 지나지 않는다.

그런데 인간은 혹시라도 임신할까봐 피임까지 하면서 성행위에 탐닉한다. 생식이 아니라 쾌감이 성행위의 목적이 된 것이다. 우스꽝스럽게 들리겠지만 프로이트Sigmund Freud는 생식이라는 목적에 기여하지 않는 모든 성적 행위를 변태로 규정했다. 이 정의에 따르면 모든 인간은 성적으로 변태다.

세상에 쾌락을 수반하지 않는 짝짓기는 많다. 물고기를 생각해보자. 물고기의 짝짓기에는 생식기의 결합도 없다. 벌은 어떠한가? 여왕벌은 짝짓기 비행이 끝난 다음에 혼자서 새끼 벌 수십만 마리를 출산한다. 수컷과 암컷의 성별도 마음대로 조정할 수 있다. 물고기와 벌에 비하면 인간의 성행위는 지극히 비경제적이다. 혈세血稅 낭비라는 말처럼 난자와 정액의 엄청난 낭비다.

짝짓기와 번식, 쾌락의 관계를 이야기한 이유는 다음과 같다. 인간의 역사는 성행위가 번식의 목적에서 독립해서 그 자체가 목적으로 발전한 과정이었다(이는 문명의 발전이나 진보와 무관한 사건이다). 1960년대에 성해방의 물결이 온 유럽을 휩쓸기 전까지 성행위는 언제나 생식과 종의 유지라는 목적과 맞물려 있었다. 이 목적에서 벗어난 성행위는 부도덕한 것으로 간주되었다. 가령 금욕적이었던 중세에는 쾌락을 위한 성행위를 죄악시했으며, 자위를 강간보다 더 끔찍한 죄악으로 보았다. 쾌락을 위한 성행위는 감시와 규제의 대상이었다. 여성의 혼전 순결에 대해 터무니없는 요구를 한 이유도 그러한 규제의 필요에서 찾을 수 있다. 대부분의 사회는 성적 문란을 단속하기 위해서 여성의 욕망을 억압하기에 급급했다. 가부장적 사회가 남성에게는 면죄부를 준 것이다.

이런 성적 억압의 빗장은 20세기 중반에 갑자기 풀려버린다. 그러면서 과거에 죄악이나 변태로 간주되던 성행위가 쾌락의 이름으로 옹호되기 시작한다.

더 남자다운 남자 더 여자다운 여자

인간 남자와 인간 여자, 이들의 차이는 무엇일까? 두말할 나위 없이 생식기의 차이를 떠올릴 수 있다. 윤흥길의 《장마》에서 다음과 같은 구절이 나온다.

> 외할머니의 강마른 손이 내 아랫도리를 벗기기 시작했다.
> "어디 이놈 잠지 좀 만져보자."

이 구절을 읽는 독자는 '나'가 남자아이라는 사실을 알 수 있다. 그런데 이상하지 않은가? 왜 할머니들은 남자아이의 고추를 즐겨 만졌을까? 왜 여자아이의 그것은 만지지 않았을까? 이것은 남자와 여자의 생식기 차이에서 나오는 행동의 차이일까?

여기에서 우리는 남자와 여자의 차이는 생물학적인 생식기의 차이 때문만이 아니라 사회적으로 구성된다는 관점을 이해해야 한다. 남자의 생식기를 가지고 있다고 해서 다 남성적인 것은 아니다. 여자도 마찬가지다. 남자와 여자로 딱 잘라 분류하기에는 너무나 다양한 남자와 여자의 스펙트럼이 있다.

수많은 영웅호걸이 등장하는《수호지水滸誌》에는 맨손으로 호랑이를 때려잡는 무송武松이 있는가 하면 마대馬岱와 같은 '찌질이'도 있다. 사내 등골을 빼먹고 열 명의 서방과 놀아나는 반금련潘金蓮이 있고《옥루몽玉樓夢》의 강남홍처럼 독야청청 일편단심도 있다.《조선왕조실록朝鮮王朝實錄》에는 조선시대 최고의 스캔들을 일으켰던 사방지숨方知가 있다. 그녀(그)는 반음양인半陰陽人 즉, 양성구유자intersex였다. '남자'와 '여자'라는 낱말은 두 개지만 현재 지구에 살고 있는 남자와 여자의 수는 70억이 넘는다. 단지 두 개의 낱말로 70억의 성을 설명하는 것은 애초에 불가능한 것이다.

남녀의 차이에서 사회적 요소가 중요한 이유는 설명하기 어려운 남자와 여자의 해부학적 차이를 극적으로 보완한다. 사회적 요소는 남자와 여자 사이의 (따져보면) 사소한 해부학적 차이를 남극과 북극처럼 엄청난 차이로 확대한다. 누가 감히 붙잡고 시비를 걸지 못하도록 화끈하게 갈라놓아야 한다. 동성애자나 양성구유자, 여성적인 남자와 같이 중간에 끼어서 경계를 흩뜨리고 헷갈리게 만드는 사람이 있어서는 안 된다. 모두를 남성적인 남자와 여성적인 여자로 만들어야 한다. 이것이 남자 만들기와 여자 만들기의 사회적 명령이다.

이러한 사회적 명령을 따르지 않은 사람은 사회적으로 매장을 당할 수도 있다. 사회적 요구와 처벌은 그냥 짝짓기로 끝날 수 있었던 성적 차이를 문화와 전통을 생산하는 결정적 차이로 바꿔놓았다. 짝짓기가 인간 사회에 굴절되는 순간 정치적인 것이 된다.

이제 인간의 짝짓기는 성의 정치가 되었다. 인간 사회에 진입하는 순간, 본능적이었던 성적 차이는 영원히 자연의 뒤안길로 사라지고 돌아오지 않는다. 성은 변형과 생성의 역사적 과정이 되었다. 생각해보라. 인류 역사의 90퍼센트는 남성이 여성을 억압함으로써 가부장적으로 권력을 독점하려는 시도의 연속이었다. 여자를 전족처럼 축소시키면 남자는 태산처럼 거대하게 보이는 법이다. "여성이란 무엇인가?"라는 질문은 당사자인 여성이 아니라 남성이 권력을 더욱 공고히 하기 위해 정략적으로 던졌던 질문이다. 질문은 질문자에게 유리하고 피질문자에게는 터무니없이 불리하다.

20세기 중반 이후, 성의 지형에 대격변이 발생한다. 그때까지 몸을 낮추고 있던 여성이 페미니즘의 기치를 올리면서 남성의 권위에 대반격을 시작했다. "여성이란 무엇인가?"라는 질문을 던졌던 남성의 불순한 동기를 고발하고 욕망의 대상이었던 여성을 주체화하려는 시도였다. 그리고 이 시도는 성공적이었다. 남성의 그림자 뒤에 숨어야 했던 여성이 지금은 무대의 중앙에서 자신의 재주와 능력을 펼치고 있다.

성이 정치적인 변화와 맞물려 있다면 거기에는 긴장감 넘치는 전개와 반전의 드라마가 있다. 하지만 대단원의 막을 내리는 결말이 없다. 앞으로도 끝없이 이어질 진행형이다.

그럼 이제 이 모든 이야기를 어떻게 서술할 것인가? 높은 곳에서 바라볼 객관적이며 중립적인 전망대도 없지 않은가? 더구나 남성인 필자를 비롯한 우리 모두는 이 성극性劇, sexuality drama을 팔짱 끼고 느긋하게 구경하는 관객이 아니라 어떻게든 자기에게 유리한 판을 짜려는 배우들이 아닌가. 그러고 보니 이 책도 성의 정치의 연장선에 있다.

이 책의 정치적 편향을 굳이 감추지는 않겠다. 이 책은 성의 역사를 다루지만 공평무사한 역사가 아니라 성의 해방이라는 중심 주제를 가진다. 당연한 이야기지만 역사에는 주제나 목적이 없다. 그러나 나는 성의 해방이라는 주제를 살리기 위해 이것과 무관하거나 충돌되는 사건들은 이 책에 소환하지 않았다.

여기서 말하는 성의 해방은, 생식이라는 종족보전의 목적에서 해방된 성적 쾌감의 자율성을 의미한다. 섹스가 심미적 취향이 되었다고 말해도 좋다. 칸트에 의하면 미학의 대상은 목적이나 이해타산이 없이 순수한 감각적 쾌감의 영역이다. 이러한 이유로 나는, 우리말로 깔끔하게 옮기기 불가능한 섹슈얼리티라는 용어를 성적 취향으로 이해하고 있다.

또 다른 성의 해방은 여성에게 유난히 억압적인 가부장제도의 굴레에서 벗어나는 것이다. 과거 남성의 역할은 능동적(하다)이지만 여성에게는 수동성(당하다)이 강요되었다. 성의 해방은 그러한 가부장적 규범으로부터의 해방을 의미한다.

성이 해방에 대해서 다음과 같은 반론이 있을 수 있다. 역사상 섹스가 쾌락 및 취향과 무관했던 적은 일찍이 존재하지 않았다고. 그렇다. 그러나 일상의 성적 실천과 사회의 성규범은 혼동되지 말아야 한다. 가령 은밀한 사적 공간에서, 연인 간 음담패설에서 섹스의 민낯은 생식이 아니라 쾌락이자 취향이었다. 그러나 공적 담론에서 섹스는 생식이라는 목적과 떼어놓을 수 없이 신성한罰 것이었다. 성은 罰(종족보전)이면서 性(섹스)이고 姓(가문)이었던 것이다. 그런데 20세기 중반 이후로 性은 聖이나 姓과 무관하게 어느 정도의 자율성을 가지기 시작했다. 그러한 성의 상대적 자율성과 탈중심화가 없었더라면 페미니즘은 물론이고 피임약이나 섹스 보조도구도 등장할 수 없었을 것이다.

성의 의미는 생물학적으로 결정되어 있지 않다. 사회적이고 상호주관적이며 또한 역사적이기 때문이다. 남녀의 바람직한 성적 관계는 상호존중과 인정 그리고 지혜에서 출발한다. 그리고 거창한 구호나 명분보다 기쁨과 행복을 지향해야 한다. 이 책이 독자에게 그러한 기쁨과 행복을 줄 수 있기를 기대한다.

그와 그녀의 연대기

1장

2장

3장

BC 460? ~ BC 377?	129 ~ 199	11세기	13세기 말
히포크라테스, 4체액설	갈레노스, 4체액설 완성, 성별 이론과 7개 자궁설	모든 종류의 성적 일탈을 '음란(sodomy)'으로 명명	볼로냐에서 처음으로 사체 해부

5장

1879	1877	1875	1872	1869
헤르만 폴, 현미경으로 정자의 난자 진입 관찰	'노출음란증 (exhibitionism)' 용어 등장	오토 헤르트비히, 성 세포의 결합 원리 발견	샤르코 박사 '성감대(erogenous zone)' 용어 사용	'동성애 (homosexuality)' 용어 사용

1880	1886	1897	1887	1890
'이성애(hetero sexuality)' 용어 등장	크라프트에빙, 최초의 성 의학서 《성적 정신병질》 출간	해브락 엘리스, '자기 성애 (autoerotism),' '자기 도취 (narcissism)' 용어 도입	비네, '페티시즘(fetishism)' 용어 사용	크라프트에빙, 《가학증과 피학증》 출간

1980년대	1982	1977	1971	1969
섹스 전쟁 : 동성애, 성매매, 포르노 이슈로 페미니스트 분열	에이즈(AIDS) 등장, 1983년에 바이러스 정체 확인	영화 〈토요일 밤의 열기〉에서 남자가 화장하는 장면 등장	스타이넘, Ms잡지 창간	프랑크푸르트 대학, 여학생 2명 아도르노에게 젖가슴 노출

1989	1993	1995	2000	2001
덴마크에서 레즈비언, 게이 커플 허용	로레나 보빗의 남편 성기 절단 사건	하리수 성전환 수술	홍석천의 커밍아웃	네덜란드 동성 결혼 허용

1543	1559	15세기 말	16세기	1651
베살리우스, 《인체 구조론》	의학자 콜럼버스의 음핵 발견	매독 발생	최초의 여성 성기 그림	《혈액순환의 원리》의 저자 하비, 생명이 난자 기원설 제시

4장

1845	1810	1774	1761	1712
'섹슈얼리티 (sexuality)' 용어 처음 등장(1859년이라는 설도 있다.)	프랑스에서 매춘부 정기검진, 성병 퇴치 위한 첫 시도	괴테, 《젊은 베르테르의 슬픔》 출간	루소, 《줄리》에서 연애결혼 정당화	'자위(Onania)' 용어 등장

6장

1896	1897	1903	1910년대	1948
오스카 와일드 동성애 재판	독일에서 동성애자 권리 운동	바이닝거, 《성과 성격》 출간	'페미니즘(feminism)' 용어의 일반화	킨제이의 성보고서

1968	1965	1961	1953	1949
삽입성교에서 질 오르가슴 신화 성교 비판	《전당포》에서 할리우드 영화 최초로 가슴 노출 "전쟁이 아니라 사랑 (Make love, not war)" 슬로건 등장	피임약, FDA 승인	헤프너, 《플레이보이》 창간	보부아르, 《제2의 성》 출간

2005	2006	2011	2015
영화 〈왕의 남자〉, 동성애를 대중 담론으로 가져옴	대법원이 트랜스젠더의 호적 성별 변경 허용	최초로 동성애를 다룬 안방 드라마 〈인생은 아름다워〉 방영	미국 연방대법원 동성 결혼 합법화

차례

ANCIENT GREECE & ROME 1100BC–476

그리스 로마 시대, 5세기 이전

성행위에서 중요한 것은 남녀의 차이가 아니라
'하는 자'와 '당하는 자'의 차이, 능동성과 수동성의 차이다.
공격하는 자가 있으면 수비하는 자가 있듯이
능동적인 자와 수동적인 자로 구분되었다.
수동적인 남자는 여자처럼 취급당했다.

"아리따운
처녀야,
저 나무 밑에
누워보아라."

1

우리나라 사람 중에 《춘향전》이나 《흥부전》을 모르는 사람이 없듯이 유럽에서 호메로스Homeros의 《일리아스Ilias》와 《오디세이아Odysseia》를 모르는 사람은 없다. 유럽인은 이 두 작품을 통해 상상력과 영감을 얻고 문화적 자긍심을 느낀다. 그런데 이 작품들에는 이상한 점이 있다. 작품 속에 묘사된 남녀관계가 현대인의 시각에서는 아주 낯설다. 어찌 보면 동물의 왕국에나 등장할 법한 사건들이 많다.

트로이 전쟁이 끝나고 고향인 이타카Ithaca로 귀향하기까지 10년 동안 바다에서 모험을 한 오디세우스Odysseus는 끝까지 정절을 지켰던 아내 페넬로페Penelope와 달리 많은 여인과 사랑을 나누었다. 그중에서도 가장 흥미진진한 사건의 주인공은 아이아이아Aeaea섬의 키르케Circe다. 그녀는 섬에 상륙한 사람들을 유혹해서 '악의 약'으로 마법을 건다. 늑대나 사자, 멧돼지로 만들어 가축처럼 사육하는 것이다. 그렇다. 그녀는 아름답지만 치명적인 마녀, 팜므파탈famme fatale이다. 키르케는 오디세우스에게도 마법을 걸려고 하지만 오히려 역습을 당한다. 그러자 그녀가 대뜸 하는 소리가 가관이다.

이제 무기를 칼집에 넣고 우리 둘이 침대에서 사랑을 나누자. 한차례 사랑을 나누면 우리 사이에 신뢰감이 생길 것이다.

이제 다 끝났으니 섹스의 향연을 벌이자는 것이다.

여기서 우리는 고대 그리스의 성적 관행을 알 수 있다. 성은 승리와 패배, 능동성과 수동성으로부터 떼려야 뗄 수 없는 관계에 있다. 경쟁에서 상대에게 패했다는 사실은 성적으로 제압당했다는 것을 의미한다.

패배자는 성문을 열고 정복자를 맞이해야 하듯이, 오디세우스가 성적 주도권을 쥐는 반면 키르케는 수동적으로 당하는 처지가 된 것이다. 오디세우스는 상위 체위나 후배위로, 키르케는 하위 체위로 섹스를 하는 것이다.

한편 오디세우스에게 키르케를 물리칠 방법을 알려주었던 헤르메스 Hermes도 이런 위계의 역학을 잘 알고 있었다.

> 그녀가 겁에 질리면 침대를 너에게 제공할 것이다. 그때 쾌락을 거절해서는 안 되지. 그녀의 성욕과 공포가 너에게 도움이 될 것이다.[1]

권력의 위계 서열과 마찬가지로 승자만이 성욕을 적극적으로 발산할 수 있다. 만약 오디세우스가 싸움에서 패배했다면? 그에게 성적으로 수동적인 역할이 주어졌을 것이다. 고대 그리스에서는 적극적이냐, 소극적이냐 하는 역할의 차이가 남자냐, 여자냐 하는 생물학적 차이보다 더 중요했다.

고대 그리스에서 섹스는 곧 권력을 의미했다. 그런데 어디서 많이 본 장면이 오버랩되지 않는가? 이것은 동물의 세계에서 두드러지는 행동양식이다. 원숭이의 마운팅mounting이나 털 골라주기가 떠오른다. 권력자 원숭이는 아무 때고 후배위 자세로 약자의 등에 올라탈 수 있다. 마운팅을 당하는 약자 원숭이는 권력자의 환심을 사기 위해 털을 핥으며 털 고르기를 해줘야 한다. 이때 약자가 수컷이든 암컷이든 성별은 크게 중요하지 않다. 약자라면 수컷이라도 암컷의 역할을 해야 한다.

고대 그리스와 로마의 성 풍속도를 알 수 있는 좋은 방법은 문학작품이나 신화를 읽는 것이다. 신화란 무엇인가? '까마득한 날에 하늘이 처음 열린' 이 세상의 기원에 관한 이야기다. 고대인들은 소박하게나마 나름의 세계와 삶을 이해하기 위해서 집단적으로 신화를 만들어냈다. 그들은 신화를 통해 천지창조와 인간의 운명, 삶과 죽음의 문제를 이해했다.

천지창조 신화는 우주의 삼라만상이 어떻게 지금과 같은 모습을 갖추게 되었는가에 대한 서사다. 그것은 혼돈chaos으로부터 질서cosmos로의 이행을 설명한다. 무정형적인 것은 일정한 형태와 구조를 갖춰가는 과정을 보여준다. 물과 불, 공기, 흙 등 모든 것이 혼재하던 상태에서 서로 구별되고 분화되는 상태로 이동하는 것이다. 우리가 익히 알고 있는 천지창조 신화들 즉 중국의 반고盤古 신화, 성경의 창세기Genesis, 그리스와 로마의 신화가 그러하다.

구약성서의 창세기는 천지창조로 이야기를 시작한다.

> 땅이 혼돈하고 공허하며 흑암이 깊음 위에 있고 하나님의
> 영은 수면 위에 운행하시니라.

창세기는 곧바로 혼돈에서 조화를 일구어내는 하나님의 위업에 대해 서술한다. 고대 그리스와 로마의 신화가 집대성된 헤시오도스Hesiodos의 《신통기Theogony》도 예외가 아니다.

> 태초에 혼돈이 있었다.

그러나 구약성서와 달리 이러한 혼돈을 평정하는 위대한 신이 헤시오도스의 《신통기》에는 존재하지 않는다. 신도 없는 혼돈의 카오스(혹은 무)만이 우주를 지배하고 있을 따름이다. 공허한 카오스로부터 최초의 신들, 가이아(Gaea, 대지)와 타르타로스(Tartaros, 지하 세계), 그리고 에로스(Eros, 사랑), 에레보스(Erebos, 어둠)가 탄생했다.

여기에서 에로스의 역할에 주목해야 한다. 에로스가 없었다면 창조의 작업은 더 이상 진척되지 않았을 것이다. 에로스는 성적 욕망, 즉 성행위를 통해 후손을 출산하려는 욕망을 의미한다.

고대 그리스 로마 신화에서는 사랑이 기본적인 우주의 원리라고 말한다. 사랑은 놀라운 창조와 변화의 원동력이다. 사랑을 통해 둘은 하나가 되고 또 하나는 둘이 된다. 사랑이 없으면 바닷가의 모래알보다 더 많은 생명체가 지구에 존재할 수 없다.

천지창조 신화에서 남자와 여자의 창조는 어떻게 나타날까? 남녀의 탄생은 천지창조 원리와 맞물려 있다. 처음부터 남자와 여자의 성적 구별이 있었던 것은 아니다. 성적 분화는 천지창조가 완성된 시점에서 발생한다.

먼저 구약성서를 보자. 에덴동산에서 추방의 발단은 아담이 아니라 이브로부터 시작되었다. 그녀는 달콤한 뱀의 유혹에 넘어갈 만큼 판단력과 절제력이 부족하고 비이성적이며 감정적이다. 이브 때문에 우리는 피땀 흘려 일해서 먹고살아야 하는 처지가 되었다. 신의 저주이자 불행의 원인 제공자가 여자인 것이다.

그런데 그리스 로마 신화에서 여자의 위치는 구약성서의 이브보다 훨씬 열악하다. 우주가 지금의 모습을 갖춘 이후 마지막에 인간이 창조되었다. 하늘에는 태양이 빛나고 대지에는 꽃이 피고 새가 노래하고 미풍이 불지만 올림포스Olympos의 신들은 이 세상에 뭔가 부족하다고 생각했다. 이 아름다운 대지를 다스리고 통치할 존재로서 신과 모습이 흡사하며 지적인 존재가 필요했다. 그래서 가이아와 우라노스Uranos의 아들 이아페토스Iapetus는 흙 한 줌과 물을 반죽한 진흙으로 인간을 빚었다.

인간은 신들과 더불어 부족함 없이 행복하게 살았다. 그야말로 황금시대였다. 그런데 흥미로운 사실은 이 황금의 왕국이 금녀의 왕국,《수호지》의 양산박梁山泊처럼 오로지 '싸나이'들만의 세계라는 것이다. (남자가 최고인 세상에서는 사나이라는 말에도 힘이 들어가 싸나이가 된다.) 바빌로니아에는 남자가 남자와 결합한 뒤 그 허벅지에서 아이가 탄생했다는 신화도 있다. 아무튼 여자가 지상에 등장하기 이전의 시절이었다. 남자들은 신들과 호형호제하면서 함께 식사를 할 정도로 귀한 대접을 받으며 행복하게 살았다.

특히 프로메테우스Prometheus는 인간을 좋아하는 신이었다. 짐승을 잡아도 맛있는 부위는 떼어서 인간에게 주고 나머지 잡다한 부위, 기름과 뼈는 신들에게 주었다. 심지어 제우스로부터 불을 훔쳐 인간에게 선물하기까지 했다. 이렇게 인간을 감싸고도는 프로메테우스가 제우스(신들의 아버지가 아닌가!)에게 고와 보일 리 없다. 제우스는 어떻게 하면 인간에게 멋지게 복수할지 고심한다. 그리고 스스로 생각해도 기막힌 아이디어가 떠올랐다.

제우스는 대장장이 신 헤파이스토스Hephaistos와 지혜의 여신 아테나Athena를 불러서 겉모습은 아름답지만 마음은 어리석고 유치한 데다가 사악하고 시기심으로 가득 찬 존재를 만들도록 명했다. 그것이 바로 남자에게 고통을 주기 위해 만들어진 아름다운 재앙, 여자였다. 제우스는 여자의 탄생을 축하하기 위해 거대한 잔치를 베풀고 하객으로 참석한 신들이 그녀에게 선물을 주도록 했다. 인류 최초의 여자인 판도라Pandora는 그렇게 만들어졌다. 판pan은 '모두'를 뜻하는 그리스어이며 도라dora는 '선물'을 의미하는 단어로 판도라는 '온갖 선물'이었다.

판도라의 탄생에 관한 다양한 판본이 있지만 그녀가 불행의 원인이라는 사실에는 변함이 없다. 물론 신들이 보낸 선물 공세의 끝은 깔끔하지 않았다. 선물 중 하나가 이브의 선악과처럼 어떤 일이 있어도 절대 개봉하지 말라는 타부taboo의 상자였다. "여자는 호기심이다."라는 말도 있듯이 그녀는 호기심을 참을 수 없었다. 상자를 여는 순간 기다렸다는 듯이 안에 갇혀 있던 온갖 불행과 슬픔, 재앙, 질병 등이 밖으로 뛰쳐나왔다. 판도라의 호기심이 평화롭고 행복하던 세상을 한숨과 눈물의 골짜기로 만든 것이다.

신화에서 여자는 지극히 부정적인 존재로 묘사된다. 제우스는 일찍이 행복하고 당당했던 남자에게 여자라는 저주를 내렸다. 그렇다면 이쯤에서 의문이 생긴다. 인류의 절반을 차지하는 여자를 왜 이렇게 부정적으로 묘사했을까? 왜 여자를 불행의 근원으로 생각한 걸까? 바로 앞에서 사랑이 창조의 원동력이라고 하지 않았던가?

천지창조를 이룬 우주적인 규모의 사랑은 남자와 여자의 성적인 사랑과는 사뭇 차원이 다르다. 카오스를 코스모스로 바꾼 천지창조의 과정을 생각해보자. 카오스는 물, 불, 공기, 흙이라는 원소가 서로 분리되지 않고 한꺼번에 혼재하는 상태였다. 코스모스로 우주가 질서와 아름다움을 갖추었다고 해서 최초의 카오스적 요소들이 완전히 사라진 것은 아니었다. 우주의 아름다운 질서 속에 혼돈이 내재했던 것이다. 따라서 자칫하면 현재의 아름다운 질서가 휘청거려서 다시 혼돈으로 돌아갈지 모른다. 이것이 고대 그리스인들의 두려움이었다.

소포클레스Sophocles의 유명한 《오이디푸스왕Oedipus Rex》은 혼란의 비극을 다룬다. 아들이 아버지를 죽이고 어머니 이오카스테Iocaste와 결혼함으로써 부모의 구분과 경계가 사라졌다. 오이디푸스와 이오카스테 사이에서 태어난 두 딸 안티고네Antigone와 이스메네Ismene는 그의 딸인가, 남매인가?

그리스 신화 속 스파르타의 왕비 헬레네Helene와 트로이의 왕자 파리스Paris는 남녀의 사랑이 끔찍한 전쟁의 원인이 될 수 있음을 보여준다.

혼란과 불안의 씨앗은 어떤 식으로든 설명이 되어야 한다. 그래서 불행과 불화의 원인으로 여자가 지목되었다. 여자가 부정적으로 묘사되는 이유는 다분히 정치적이다. 악마의 존재를 믿는 사람들이 모든 불행과 악의 원인을 악마의 소관으로 돌리듯이, 가부장적인 사회에서는 모든 혼란의 원인을 여자에게서 찾는다. 중세 라틴 신학의 아버지라 불리는 테르툴리안Tertullian은 〈여성의 화장〉이라는 글에서 다음과 같이 말했다.

> 악마가 유혹하지 못했던 남자를 여자가 농락했으며, 또 신의 이미지에 따라 창조된 남자를 짓밟았다.[2]

모든 불행과 혼란의 원인이 여자에게 있다면 남자는 언제나 지혜롭고 올바르기에 어깨를 펴고 당당할 수 있다. 모든 것이 판도라의 호기심 때문이다! 트로이 전쟁도 헬레네의 미모 때문이다! 그렇다면 여자로 인해 발생하는 불행을 막을 방법은 하나밖에 없다. 여자가 지적, 정서적으로 남자와 동등한 존재가 되어서는 안 된다. 여자는 아무리 나이가 들어도 성숙한 어른이 될 수 없는 미숙한 어린아이다.

따라서 인류대사를 비롯해 중요하거나 공적인 일에 여자가 관여하지 못하게 해야 한다. 집 밖에 내놓는 것도 안 된다. 열등하고 미숙한 여자에 대한 남자의 책임은 올바르게 훈육하고 다스리는 것이다. 남자가 주도권을 쥐고 아이와 여자를 길들여야지, 절대로 여자에게 휘둘려서는 안 된다. 남자가 명령하면 여자는 복종해야 한다. 남자는 능동적이고 여자는 수동적이어야 한다.

이것은 남녀의 성관계에도 반영되었다. 남자는 하고 여자는 당하는 것이다. 그리스 사회에서 누가 주도권을 쥐는가, 누가 능동적인가 하는 문제만큼 중요한 사안도 없었다. 수동적으로 당하는 남자는 남성이 아니라 여성이라는 비난을 받았다. 계속 수동적으로 행동을 하는 남자는 점차 남성성을 잃어서 나중에는 외모와 목소리도 여성처럼 된다고 생각했다. 따라서 남녀의 성행위는 강간이며 폭력이 되었다. 남자가 공격하고 삽입하면 여자는 삽입을 당해야 한다. 여자가 순응하는지 여부는 중요하지 않다. 부부의 성행위에서도 여자가 주도권을 잡으면 안 되었다. 스파르타에서는 신랑이 신부를 폭력으로 강간하듯이 첫날밤을 보내는 것이 관례였다.[3] 성관계에서 여자의 쾌락은 남자의 관심 밖이었다.

그러나 임신을 목적으로 하는 성행위는 달랐다. 르네상스 시대까지 서양 의학에 막대한 영향을 미쳤던 고대 그리스의 의학자 갈레노스 Galenos는 여성이 흥분함으로써 음부에서 분비되는 애액이 정액과 섞여야만 태아가 생성된다고 주장했다. 여성이 오르가슴을 느끼지 않으면 임신이 불가능하다고 생각했던 것이다.

고대 그리스 사회에는 우리가 알고 있는 '사랑'이라는 관념이 존재하지 않았다. 성행위는 사랑의 확인이 아니라 본능적 식욕에 가까웠다.

남자는 먹고 여자는 먹힌다

고대 그리스 신화만큼 적나라한 성 풍속도를 잘 보여주는 이야기도 없다. 신들의 아버지 제우스는 플레이보이, 그것도 아주 잘나가는 바람둥이였다. 제우스는 아름다운 여신 헤라와 결혼한 뒤에도 매력적인 여자가 눈에 띄면 만사를 제쳐놓고 밀애를 즐겼다. 제우스에게 성행위는 사냥과 같은 취미 생활이었다.

《변신 이야기Metamorphoses》의 작가 오비디우스Ovidius도 제우스의 정사情事 사건을 스캔들이 아니라 취미 활동처럼 묘사했다. 혼외정사나 강간이라는 용어가 존재하지 않고 성행위에 도덕적인 제재도 가해지지 않았던 시절이었기에 제우스는 기회가 생길 때마다 아내 몰래 성애에 탐닉할 수 있었다. 여자는 본질적으로 수동적이므로 동의를 구할 필요조차 없다. 사냥감에게 동의를 구하고 사냥하는 사냥꾼은 없으니까. 더욱이 제우스와 같이 능력 있는 남자에게는 즐길 수 있는 여자들이 지천에 널려 있었다.

어느 맑은 날 올림포스 정상에서 졸린 눈으로 지상을 내려다보던 제우스의 두 눈이 갑자기 커졌다. 강의 신 이나코스Inachus의 딸 이오Io가 향기로운 미풍처럼 강가를 거닐고 있었기 때문이다. 제우스는 전광석화처럼 빠르게 그녀를 향해 돌진한다. 갑자기 나타난 제우스를 보고 놀란 이오에게 구애랍시고 말한다. "사랑스러운 아이야, 너는 처녀로구나. 그렇게 아름다우니 제우스의 애정을 받을 자격이 있지." 그러고는 조급하게 덧붙인다. "저 아름드리나무 밑에 자리 잡고 누워보아라."

그러나 이오는 순순히 응하지 않는다. 그녀는 있는 힘을 다해 달아난다. 하지만 힘세고 빠른 제우스를 당해낼 재간이 없다. 어렵지 않게 이오를 제압한 제우스는 먹구름으로 침대를 만들어 그녀와 사랑을 나눈

피터 폴 루벤스,
〈레다와 백조Leda and Swan〉

-

제우스는 스파르타 왕의 아내 레다에게
백조의 모습으로 다가가 강제로 그녀를 취한다.

티치아노 베첼리오,
〈에우로페의 납치The Rape of Europa〉
–
페니키아의 공주 에우로페에게 반한 제우스는
황소의 모습으로 변해 그녀를 납치한다.

다. 러브호텔에서 자동차의 번호판을 가리듯 아내의 눈을 피하려고 먹구름 속에 몸을 숨긴 것이다.

제우스는 욕망의 충족을 위해서라면 물불을 가리지 않는다. 아늑한 침실이 없어도 좋다. 욕망에 발동이 걸리는 순간 만족시켜야 하기 때문에 때와 장소를 가릴 수 없다. 그는 온갖 기상천외한 방법을 다 동원한다.

스파르타 왕의 아내이자 여왕인 레다Leda에게는 백조의 모습으로 다가가 말 한마디 없이 강제로 그녀를 취한다. 이 혼외정사에서 태어난 딸이 트로이 전쟁의 불씨가 된 헬레네다. 페니키아의 공주 에우로페Europa를 보고 단박에 반했을 때는 황소로 둔갑해서 그녀를 납치하고 강간한다. 아르고스의 왕비 다나에Danae에게 반했을 때는 어땠는가? 다나에는 너무나 아름다웠다. 의처증이 심했던 왕은 왕비를 아무도 모르는 깊은 지하 토굴에서 감춰놓는다. 그러나 제우스가 누군가. 그는 황금 소나기가 되어 지하 토굴로 스며들어가 그녀를 범한다! 아마 이것이 제우스가 여자를 취하는 가장 기발한 방법이었을 것이다.

제우스만 여자를 밝힌 것은 아니었다. 주신酒神 디오니소스Dionysos와 너무나 대조적인 성격으로 유명하고, 그리스의 신들 가운데 가장 지혜롭고 행동이 올바른 신 아폴론Apollon도 다프네Daphne를 보자마자 사랑에 빠졌다.

"그녀는 내 것이다." 아폴론이 다프네를 보자마자 한 말이었다. 먼저 아폴론은 아버지가 제우스이며 자신은 델포이의 왕이라고, 좋은 말로 다프네를 구슬린다. 하지만 그녀는 응하지 않고 죽을힘을 다해 도망친다. 하지만 마침내 아폴론에게 붙잡힌 다프네는 능욕당하려는 순간, 나무로 변하게 해달라고 아버지에게 간청한다. 그 나무가 월계수다.

여기서 흥미로운 것은 이런 일화들이 서술되는 방식이다.《변신 이야

티치아노 베첼리오,
〈다나에Danae〉

-

제우스는 아르고스의 왕비와 사랑을 나누기 위해
황금 소나기로 변신해 지하 토굴에 스며든다.

기》의 오비디우스를 비롯해《신통기》의 헤시오도스는 마치 무용담처럼 이 사건(!)들을 이야기한다. 남자들이 술자리에서 순번을 정해 여성편력을 자랑하는 식이다. 듣는 여자들이 없기에 처음부터 끝까지 서술의 관점은 남자의 것이다. 여자는 성적인 대상일 뿐, 그녀의 수치심이나 고통은 안중에도 없다. 여자가 끝까지 저항하리라고 생각하지도 않는다. 성적으로 자극을 받은 남자는 참고 기다릴 필요 없이 바로 그 자리에서 욕망을 해소하는 것이 좋다고 생각한다.

고대 그리스와 로마의 남자들은 결혼 후에도 혼외정사를 즐길 수 있었다. 플루타르코스Plutarchos의《영웅전Bioi Parallēloi》에서는 당시의 성 풍속도를 다음과 같이 기록하고 있다.

> 우리에게는 쾌락을 위한 기생이 있고, 우리의 몸을 보살펴주는 첩이나 몸종이 있으며, 적자를 출산하는 아내가 있다.

남자의 성적인 쾌락에는 제한이 없었다. 명예와 출산의 역할을 맡은 아내는 남편이 노예나 기생과 사랑을 나눈다고 해서 절대로 질투해서는 안 되었다. 반대로 아내는 반드시 정조의 미덕을 지켜야 했다. 그리스인들은 이와 같은 남녀의 차별이 남자와 여자의 생식기의 차이 때문이라고 생각했다. 생식기 자체가 남자는 능동적으로 제압하고 여자는 수동적으로 제압당하도록 운명이 정해져 있다는 것이다. 따라서 여성은 자신의 기구한 운명에 순응해야 한다고 말이다.

현대처럼 의학이 발달하지 못한 과거에는 인체를 이해하고 설명하는 방식이 다를 수밖에 없었다. 사회학자인 베버Max Weber가 문명화의 과정을 탈주술화의 과정으로 정의했듯이, 고대 사회는 민간 설화와 신화 그리고 가시적 증거의 도움을 빌려 현상을 바라보고 설명했다.

인간의 가장 근원적인 관심은 생명의 탄생과 죽음에 있었다. 고대의 사람들도 생명이 성적 결합에서 비롯한다는 사실을 알았다. 그러나 생물학적 지식이 전무한 그들에게 임신과 출생은 여전히 신비한 일이었다. 남아나 여아가 어떻게 결정되고 왜 다르게 태어나는지도 불가사의한 일이었다. 하지만 과학기술이 발달하기 이전이라 오로지 육안과 기초적인 해부학 지식에만 의존해야 했다.

남태평양의 한 부족은 유난히 성차가 불분명한 젊은이가 많다. 이 부족 사람들은 옷을 입지 않고 생활하기 때문에 남녀의 신체적 차이에 대해서 비교적 잘 알고 있는 편이다. 그런데 여자라 생각하고 자란 아이가 사춘기에 접어들면서 갑자기 몸이 남자로 변하는 바람에 당황하는 경우가 많았다. XY염색체라고 해서 성징이 다 발현되는 것은 아니다. 이 부족의 경우 남아로 보기에는 너무 작은 음경을 가지고 태어난 아이가 많았고, 부모는 음경을 음핵으로 착각하고 여자로 키웠던 것이다.

르네상스 시대까지 서양의 의술을 지배했던 것은 히포크라테스 Hippocrates가 기초를 확립하고 나중에 갈레노스가 완성한 '체액설'이었다. 대우주는 물, 불, 공기, 흙 4원소로 이루어진 자연이다. 마찬가지로 인체의 소우주에는 4원소에 상응하는 체액으로서 혈액, 흑담즙, 황담즙, 점액이 있다. 우리가 섭취하는 음식물도 소화되면서 체질에 따른 체액으로 바뀐다. 에우크라지에(eukrasie, 건강)와 디스크라지에(dyskrasie, 질병)의 여부도 네 가지 체액의 조화와 부조화에 달려있다고 생각했다. 사람의 성격도 네 가지 가운데 어떤 것이 가장 지배적인가에 따라서 결정된다. 지배적인 체액에 따라 우울한 성격이 될 수도 있고 활발한 성격이 될 수도 있다는 식이다.

인간의 체액은 대우주의 축소판이다. 예를 들어 공기는 계절적으로는 봄, 체액에 있어서는 혈액, 장기에서는 간과 상응한다. 이렇게 소우주의 대우주가 상응하는 세계관에 따르면 황담즙은 계절적으로는 여름, 4원소에서는 불에 상응하며, 이러한 기질의 소유자는 몸이 따뜻하고

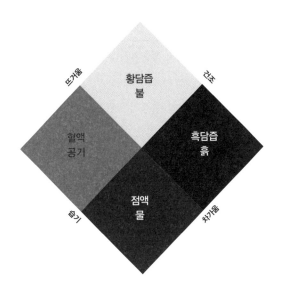

갈레노스, 4체액설 모형

히포크라테스가 기초를 만들고 갈레노스가 완성한
이 이론은 르네상스 시대까지 서양 의학을 지배했다.

건조한 체질로 불처럼 성격이 급하고 화를 잘 낸다. 지금 시대의 사람들에게는 터무니없는 소리로 들리겠지만 당시에는 인체를 이해할 수 있는 유일한 언어이자 방법이었다.

흥미로운 것은 남녀의 차이를 소우주와 대우주가 상응하는 세계관과 맞물려 이해했다는 사실이다. 계절에 따라서 날씨가 덥거나 춥고 습하거나 건조하듯이 사람의 신체도 뜨겁거나 차갑고 습하거나 건조하다. 특히 뜨거움과 차가움, 건조와 습기의 이항대립으로 남녀의 차이를 설명했다. 이 성 구별 이론은 당시의 가부장적인 사회 구조를 유지하는 데 결정적인 역할을 한다.

그리스인은 남자와 여자의 결정적 차이를 몸의 온도에서 찾았다. 성격의 차이를 설명해주는 것이 4체액이라면 남녀의 차이는 높고 낮은 온도에 의해서 결정된다. 갈레노스에 따르면 남자는 본질적으로 여자보다 체온이 높고 몸이 건조한 존재다.[4] 뜨거움과 건조, 차가움과 습기라는 이항대립에서 남자는 전자의 특징을 갖추었다고 보았다. 반면 여자는 몸이 차갑고 습한 존재다. 갈레노스는 몸이 가장 차가운 남자도 몸이 가장 뜨거운 여자보다는 체열이 높다고 주장했다.

갈레노스의 이론은 나름 합리적이었다. 그가 남녀의 차이를 설명하기 위해서 주목한 것은 여자가 주기적으로 자궁에서 출혈을 한다는 사실이었다. 생리혈은 정액처럼 생식기에서 분비되지만 정액과는 다른 특징을 가지고 있다. 만약 여성에게 혈액이 부족하다면 그 아까운 혈액을 바깥으로 방출할 리가 없다. 분명 필요한 것보다 양이 너무 많아서 남아도는 잉여를 주기적으로 몸 밖으로 내보내는 것이다. 이 논리에 따른다면 당연히 여자는 남자보다 혈액의 양이 많다. 이것은 여성의 몸이 건조하지 않고 습하다는 사실을 뜻한다. 그러므로 여성은 남성에 비해서 수분이 많다. 그런데 수분이 많으려면 몸이 차가워야 한다. 주전자에 열을 가하면 물이 증발해서 양이 줄어들 듯, 만약 여자에게 열이 많다면 수분이 증발해서 피의 양이 줄고, 몸도 건조하게 될 것이다. 결론적으로 혈액과 수분이 많기 때문에 여자는 몸이 차갑다고 할 수 있다. 같은 논리로 남자가 생리를 하지 않는 이유도 유추할 수 있다. 남자는 몸에 열이 많기 때문에 건조하고 따라서 혈액의 양이 적기 때문에 몸밖으로 내보낼 잉여의 혈액이 없는 것이다.

남자와 여자의 체열 차이로 생리혈과 정액의 차이도 설명할 수 있다. 생리혈과 정액의 농도와 색깔을 비교해보면 생리혈에 비해 정액의 농도가 훨씬 진하다. 생리혈이 말갛다면 정액은 파도 거품처럼 하얀 거품에 꿀처럼 끈끈하다. 생리혈이란 불완전한 정액에 지나지 않는다. 역시 체열에 의해 충분히 설명된다. 몸에 열이 있으면 혈액이 가열되고, 가열되는 정도에 비례해서 양이 줄어든다. 그런데 양과 농도의 관계는 반비례한다. 양이 줄어들수록 농도가 진해지는 것이다. 결론적으로 체열에 의해서 "잘 요리된 순수하고 비등하는 여분의 피"가 정액이다.[5]

히포크라테스는 혈액이 가열되면 거품이 만들어지는데, 그것이 두뇌로 올라갔다가 척수를 타고 내려와 콩팥으로 이동하고, 다음에는 동맥을 따라서 고환으로 내려와 성기로 향한다고 주장했다.

물질과 형상의 대립을 빌려서 사물의 이치를 설명했던 아리스토텔레스는 혈액이 두뇌를 거치는 과정에서 정액에 형상이 각인되고 영혼과 운동 능력도 주어진다고 했다. 자녀가 어머니보다 아버지의 모습을 닮는 이유도 '정액=형상'이라는 사실로 충분히 설명할 수 있다.[6]

나중에 사람으로 성장할 수 있는 씨앗이 정액이다. 정액은 영혼의 기능과 운동의 기능, 형상의 기능을 가진, 아직 현실화되지 않은 잠재적 인간인 것이다. 탁월한 정액에 비하면 여성의 생리혈은 몸속에 남아 도는 여분의 혈액에 지나지 않는다. 중세의 시인 단테는 《신곡La Divina Commedia》에서 태아의 생성 과정을 인상적으로 표현했다.

> 섭취한 음식물은 위장에서 소화되고 혈액이 되어 온몸을 순환하는데, 그중에는 너무나 아름다워서 감히 손대지 못 하는 음식처럼 완벽한 혈액이 있습니다. 그것이 심장으로 이동해서 사람을 형성하는 힘을 부여받고, 음낭으로 옮겨 갑니다. …… 그 자연의 그릇에서 다른 피에 방울져 떨어 져 내립니다. …… 그렇게 결합된 피는 작동을 시작해 처 음에는 덩어리가 지고 그 다음에는 자기의 질료대로 구성 해 만든 것에 생명을 줍니다.[7]

여성에 비해 남성의 피가 부족하다는 사실은 성의 정치적 측면에서 매우 중요한 의미를 갖는다. 정액은 희소가치가 있는 반면 여성의 생리 혈은 무가치하다는 뜻이다. 생리혈은 처분이 곤란할 정도로 남아돌기 때문이다. 그뿐만 아니라 혈액이 부족한 남자는 될 수 있으면 몸에서 그것이 빠져나가지 않도록 자기 관리를 잘해야 한다. 그리스인들은 수 분이 부족하면 몸이 낙엽처럼 바삭바삭 마르고 허약해지며 조로한다 고 생각했다. 건강을 해치지 않고 성을 즐기기 위해서는 현명해야 한다. 성행위는 혈액 중의 혈액, 생명의 원천인 정액이 빠져나가는 문제다. 남 자가 사정 후 몸에서 힘이 빠지고 졸음이 오는 것은 생명같이 소중한 정액이 몸 밖으로 배설되었기 때문이다. 심지어 히포크라테스는 사정 을 간질의 발작과 유사하다고 주장했다. 지나친 성적 방종은 건강을 해

치고 죽음을 재촉하는 일이다.[8]

남자가 성행위로 막대한 손해를 입는 반면 여자는 성행위로 여러 이익을 챙긴다고 보았다. 여자는 임신을 하면 남아도는 생리혈을 쓰레기처럼 내버리는 대신에 태아를 위한 자양분으로 유용하게 활용할 수 있다. 난자에 대한 개념이 없었던 당시의 사람들은 생리혈이 자궁에서 태아의 성장을 돕는다고 생각했다. 그리고 출산 후에는 생리혈이 젖으로 바뀐다고 생각했다. 젖을 하얗게 변색된 생리혈이라고 생각한 것이다. 무가치했던 생리혈은 생식과 수유로 비로소 가치를 부여받는다.

이 밖에도 여자는 자궁의 구조에 따라 성행위로 혜택을 받는다. 자궁은 자칫하면 아주 건조해질 수 있다. 여자의 건조한 자궁을 그대로 방치하면 쪼그라들어서 원래의 자리에서 벗어나고 몸속을 이리저리 떠돌아다니게 된다. 그러면서 장기와 충돌해 손상을 입히고, 증상이 심해지면 자살의 원인이 된다. 이것이 히포크라테스가 여성의 히스테리의 원인으로 지목한 유주자궁(wandering womb, 돌아다니는 자궁)이다. 히스테리는 그리스어로 자궁을 의미한다.[9]

히스테리의 위험이 있는 여자가 남편과 규칙적으로 성행위를 하면 히스테리도 치유되고, 몸의 균형도 회복된다. 그러나 남편이 없는 과부는 히스테리를 치유할 도리가 없다. 그래서 히스테리는 "과부의 병"으로 불리기도 했다. 히포크라테스는 〈유아의 탄생과 성격에 대해On Generation/On the Nature of the Child〉에서 주장했다. "여자가 남자와 성행위를 하면 그렇지 않은 것보다 건강이 훨씬 좋아진다."

고대 그리스인들이 생각했던 남자와 여자의 성적인 차이를 알고보면 제우스가 상대 여자의 동의를 구하지도 않고 폭력적으로 그녀를 취했던 이유가 설명이 된다. 성행위의 수혜자가 여자이므로 여자들은 언제 어디서든 기꺼이 성행위를 할 준비가 되어있다고 생각했던 것이다. 여자는 건강을 위해 성행위를 필요로 하는 체질이 아닌가. 본능적으로 여자가 남자보다 성욕이 훨씬 강하다. 체질적으로 성욕을 타고나지 않은 남자는 외부의 자극이 가해져야만 성욕을 느낀다. 여자의 성욕이 몸의 내부에 있다면 남자의 성욕은 외부의 자극에 의해서 발생한다. 남자는 이성적인 존재이기 때문이다. 이렇게 해서 본능적인 여자와 달리 남자가 이성적인 이유도 체액설로 깔끔하게 설명할 수 있다. 체열이 높을수록 두뇌의 사유 능력도 발달하는 것이다.

고대 그리스의 성에 대한 개념은 우리의 통념과 정반대였다. 우리는 남자가 여자보다 본능적으로 성적 욕망이 훨씬 강하다고 알고 있다. 남녀 차이를 설명하는 존 그레이의 《화성에서 온 남자 금성에서 온 여자》에서 남자는 성행위를 원하는 반면 여자는 관계를 원한다. 남자는 365일, 24시간, 자나 깨나 성만 생각하는 동물이라는 이야기도 있다. 진화생물학은 이런 속설을 진화론적으로 설명했다. 여자는 많아야 평생 500개의 난자밖에 생산하지 못하는 반면 남자는 한 번에 3~4억 개의 정자를 사정한다. 흔하고 값싼 것이 정자라면 희소가치가 높고 귀한 것이 난자다. 그리스인의 생각과 정반대로 쓰레기처럼 내다버릴 정도로 남아도는 것은 남자의 정액이다. 남아도는 정액을 처리하기 위해서 남자들은 강박적으로 성행위에 집착한다는 것이다.

그리스인은 여자가 성행위를 선호하는 것과 달리 남자는 우정을 선호한다고 생각했다. 그런데 이것은 당시의 남성중심적 문화를 생각하면 당연한 일이다. 사회 활동이 극히 제한되었던 여자가 어떻게 친구와 교제하며 우정을 쌓을 수 있단 말인가. 창녀나 헤타이라(hetaira, 고급 기생)가 아닌 양가집 규수는 함부로 밖으로 나다닐 수 없었다. 명예를 아는 여자라면 가정에 머물러 있어야 했다. 여자도 교육을 받을 수 있었던 스파르타와 달리 플라톤의 아카데미에서 글과 토론을 수업하고 정치적 연륜을 쌓을 수 있는 것은 오로지 남자뿐이었다.

본질적으로 몸이 덥고 건조한 남자는 바깥에서 레슬링 같은 운동을 함으로써 몸을 덥게 유지해야 했다. 몸이 차갑고 습기가 많아야 정상인 여성은 그늘진 집 안에 머물러야 건강을 유지할 수 있다고 생각했다. 밖에서 뜨거운 햇볕을 많이 받으면 몸이 건조해질 수가 있기 때문이다. 반대로 남자가 집 안에 머물면 몸이 차갑고 습하게 되면서 여성적으로 변할 위험이 있다고 생각했다. 성별에 따라 할당된 장소에 머물러야 했던 것이다.

남자의 성은 완전무결하다

남성중심적인 그리스인들은 남자와 여자의 성기의 차이를 어떻게 보았을까? 남성중심주의란 남자를 표준이며 정상에 올려놓고 우월한 위치에서 일방적으로 여자를 바라보는 태도를 말한다. 그리스인들은 여성 질병의 원인이 자궁에 있다고 믿었다. 습하거나 건조하고 뜨겁거나 차가운 자궁의 변화에 따라 몸의 균형이 깨지면서 질병에 걸린다고 생각했다.

그렇다면 자궁은 무엇인가? 히포크라테스를 비롯해서 아리스토텔레스, 갈레노스는 여성의 자궁이 남성의 음경과 어떻게 다른지 규명하려고 노력했다. 의학과 철학의 관점에서 중립적으로 접근한다고 했지만 그들의 시각은 당연히 남성중심주의적이었다. 성기의 차이는 남성에게는 유리하고 여성에게는 불리한 방향으로 설명되었다.

남자의 정액은 태아 형성에 본질적인 씨앗이지만, 여자의 생리혈은 불완전한 정액이거나 그것이 자라는 토양에 지나지 않는다. 그럼 여자의 생식기는 무엇인가? 간단히 말해 여자는 마땅히 있어야 하는 것이 결핍된 존재다. 남자가 자랑스럽게 몸의 중심에 가지고 태어난 보물을 여자는 안타깝게도 갖지 못한 채 태어난 것이다. 남자가 충만이라면 여자는 결여다. 이것은 여자의 성기가 남자의 것과 다른 독립적인 기관으로 간주되지 않았다는 말이다. 여자의 다름이 인정된 것이 아니라 남자의 없음(여자=-남자)에 초점이 맞춰졌다. 이런 논리는 19세기에 인종주의적 논리로 다시 고개를 든다. 흑인은 백인과 다른 인종이 아니라 열등한 백인(흑인=-백인)이라는 식이다.

갈레노스의 설명을 좀 더 살펴보면 남성중심주의가 얼마나 뿌리 깊은지 알 수 있다.

> 남자의 음경을 안쪽으로 뒤집어서 직장直腸과 방광 사이로 가도록 하자. 이렇게 되면 음낭이 자궁의 자리를 차지하고 고환은 그 양쪽에 위치하게 될 것이다.

갈레노스는 자신이 잘 알고 있는 음경에 대한 지식에 입각해서 자신이 모르는 여성의 음부 구조를 추론했다.[10] 남자의 음경은 한눈에 전체가 들어오지만 여자의 음부는 잘 보이지 않는다. 본다 해도 뭐가 뭔지 알 수가 없다. 음순, 자궁, 자궁벽 등 여자의 성기는 복잡하기 때문이다. 하지만 갈레노스는 음경과 다를 뿐 아니라 복잡하고 미묘한 음부의 특징을 간단히 무시해 버린다. 그리고 다음과 같이 단순화시킨다. 음경은 밖으로 돌출되어 있지만 음부는 안으로 들어가 있다. 콘돔의 모양을 생각해보면 그의 의도를 이해할 수 있다. 돌출된 콘돔을 안으로 밀어 넣은 형태가 음부로, 남자의 것이 볼록렌즈라면 그것이 뒤집힌 오목렌즈가 여자의 것이다.

갈레노스는 남자와 여자의 차이에서 멈추지 않고 남자의 것이 여자의 것보다 가치가 있음을 증명하려고 했다. 성기의 구조를 눈의 구조와 비교해 설명한 것이다.

두더지는 눈이 있지만 다른 동물과 달리 보지 못한다. 밖으로 튀어나오지 않고, 불완전한 상태로 안에 머물러 있다

이것이 갈레노스가 예를 든 두더지의 눈이다. 두더지의 눈처럼 여자의 성기도 비정상적이며 불완전하고 미숙한 상태라는 것이다. 남자의 성기가 완전하다면 여자의 성기는 불완전하다. 남자가 어엿한 성인이라면 여자는 미숙한 어린이에 불과하다는 논리를 이쯤에서 다시 끄집어낸다.

아리스토텔레스도 완전한 태아는 남아가 되지만 불완전한 태아는 여아가 된다고 주장했다. 그렇다면 여자가 무엇인지 알기 위해 노력할 필요가 없다. 남자의 장점이 결여된 존재가 여자이기 때문이다. 남자는 강하고 용감하지만 여자는 약하고 겁이 많다. 남자는 현명하고 지혜롭지만 여자는 어리석고 잘 속는 존재다. 남자는 청결하지만 여자는 몸에서 분비물, 즉 생리혈이 나오므로 불결하다. 폼페이 유적에서 발견된 도자기의 낙서에서 이 시대 사람들의 관념은 선명하게 드러난다.

나는 많은 사람이 찬양하는 아름다운 여자와 섹스를 했

네. 그런데 그녀 몸에는 분노밖에 없었다네.

그런데 이처럼 남성중심적이었던 아리스토텔레스를 희화하는 에피소드가 있다. 아리스토텔레스는 필리스Phyllis라는 헤타이라를 자주 찾았다고 하는데, 필리스가 아리스토텔레스의 등에 올라타서 채찍을 휘두르는 한스 발둥Hans Baldung의 그림이 이를 표현했다. 아리스토텔레스는 평소 여성을 비하하는 주장을 펼치면서도 헤타이라와 사랑을 나누고 싶은 욕망을 숨기지 않았다. 이것은 전형적인 남성의 이중적인 태도다. 한스 발둥은 그림을 통해 아리스토텔레스의 위선을 조롱한 것이다.

여자는 세 개의 구멍을 가진 존재다. 음부와 항문, 입은 성문처럼 외부에서 공격을 받는다는 의미에서 결핍의 증거라고 생각했다. 그것은 칼이나 창과 같은 공격용 신체 기관器官이 아니라 방패처럼 방어하고 수비해야 하는 기관이다. 남녀의 성행위는 성문(구멍)을 향해 공격하는 남자와 그것을 방어하는 여자의 대결이다. 당연히 싸움은 남자의 승리로 막을 내린다. 남성의 공격에 속절없이 무너진 여성은 성문을 열고 침략자를 환대해야 한다. 남자가 지배자kratos가 되고 여자가 피지배자 krateisthai가 되는 것이다.

그런데 재미있는 것은 그리스인들은 남자와 여자의 역할 구분이 절대적이라고 생각하지는 않았다는 점이다. 공격적인 여자가 있는 반면 방어적인 남자가 있다는 것을 인정했다. 이런 이유로 그리스의 남자들은 항문성교와 구강성교를 수치스럽게 여겼다. 심지어 구강성교를 해주는 남자는 입에 구멍이 있는 여자의 역할을 계속하다가 여자처럼 변한다고 생각했다. 이런 남자는 입에서 악취를 내뿜는 자로 혐오의 대상이 되었다.

한스 발둥,
〈아리스토텔레스와 필리스Aristotle and Phyllis〉

–

남성중심주의자 아리스토텔레스도
헤타이라와 사랑을 나누고 싶은 욕망을 숨기지 않는
이중적인 태도를 갖고 있음을 조롱하는 그림이다.

중요한 것은 성별의 차이보다 역할의 차이다. 여자는 공격에 취약한 존재고 남자는 누구도 감히 건드릴 수 없는 강한 존재다. 마찬가지로 자신의 몸을 타인에게 쾌락의 도구로 내주는 사람은 여자나 노예로 간주되었다. 자유민이라면 자기가 나서서 주도권을 잡고 행위를 하는 지배자여야 한다. 성행위에서 수동적 입장을 취한다는 것은 단순히 성적 취향의 문제가 아니다. 사회적 명예와 권위, 체면의 문제였다.

현대인이 상상할 수 없을 정도로 그리스인들은 능동적 역할의 가치와 중요성을 강조했다. '수동적'이라는 말은 '여성성'과 동의어였다. 능동성이 강조되는 문화로 인해 그리스 남자들은 능동성을 잃지 않기 위해 필사의 노력을 해야 했다. 4체액 이론에 따르면 체열이 높은 자만이 능동적일 수 있다. 그래서 당시 그리스의 남자들은 체열이 내려가는 겨울에는 성행위를 자제해야 했다.

미소년은 아직 남자가 아니다

고대 그리스의 능동성 문화는 동성애 코드와 밀접한 관련이 있다. 당시에 사랑이란 남자와 남자 사이에 가능한 감정이었다.[11] 오로지 성욕이 전부인 여자와의 관계와 달리 남자 사이에는 우정과 성욕이 공존할 수 있다고 생각했던 것이다.

《일리아스》에서 아킬레스Achilles와 파트로클로스Patroklos의 관계처럼 무사들의 세계는 동성애 세계였다. 사랑의 대화록이라 할 수 있는 플라톤Platon의 《향연Symposium》에서 논의되는 것은 남녀의 사랑이 아니라 남자들의 동성애에 대한 찬미다. 플라톤은 아름다움의 본질을 깨닫기 위해서는 먼저 미소년을 보고 설레는 마음이 있어야 한다고 주장했다. 작품의 말미에는 당시 아테네에서 가장 아름다운 남자로 유명했던 귀족 청년 알키비아데스Alcibiades가 소크라테스에 대한 자신의 사랑을 고백하는 장면이 나온다. 그가 침실에서 노골적으로 유혹했음에도 소크라테스는 꿈쩍도 하지 않았다고 한다.

고대 그리스에서 공적인 공간을 이용하는 것은 남자 시민의 특권이었다. '동성사회성'[12]의 자연스러운 결과가 동성애였던 것이다. 여염집 여자들은 가정에 머물러야 했고 남자들은 공적인 공간에서 동성의 남자들만 만날 수 있었다. 여자가 부재한 공간에서 남자들 사이에 싹트는 우정은 쉽게 성적 욕망으로 발전한다. 남자들의 우정이나 경쟁, 협력, 유대, 결속, 선후배 관계, 후원 같은 감정과 성적 욕망이 딱 부러지게 구분되지 않기 때문이다.

동성애는 "동성사회적 욕망homosocial desire"의 연장선에 있다.[13] 동성사회적 욕망은 자신과 비슷한 배경이나 신분의 인물과 유대관계가 형성된다는 점에서 계급적이며 구조적인 성격을 띤다. 이때 동성애는 성인 남자와 미성년 소년 사이의 성적인 관계를 의미한다. 당시 남자는 30세가 넘어서 결혼하는 것이 관례였는데, 혼전에는 연장자가 동성의 연소자와 자유로운 성적 관계를 가질 수 있었다. 단 한 가지 조건만 지키면 문제될 것이 없는데, 그 조건이란 동성애 대상이 되는 연소자가 아직 몸에 수염과 털이 나기 이전(2차 성징이 발현되는 사춘기를 거치기 이전)의 소년이어야 했다.[14] 연소자는 18세가 넘지 않아야 한다.

당시 그리스 사회에서 사춘기는 성인의 관문을 통과한다는 의미였다. 사춘기를 중심으로 성인과 소년의 경계가 나뉜다는 사실은 단순히 몸의 성적 변화만을 의미하는 것이 아니다. 성인 남자는 어떤 상황에서든 능동적으로 주도하는 역할을 해야 한다. 다른 남자에게 수동적으로 사랑받는 상대로 머무는 것은 성인의 정의에 위배되는 것이다. 성인 남자는 사랑하고 지배하는 자이지 사랑받거나 지배당하는 자가 아니기 때문이다.[15] 미소년은 아랫사람으로서 여성화된 존재이지만 성인 남자는 가부장적인 권력과 생식력과 지배력을 독점하는 존재였다.

낭만적 연애의 공식과 마찬가지로 성인 남자는 미소년에게 접근하고 사랑을 고백하고 구애하며, 짝사랑으로 애를 태울 수도 있고 사랑을 쟁취할 수도 있다. 심지어 고매한 플라톤도 《향연》에서 이렇게 말했다.

> 미소년은 자신의 마음과 성격의 향상을 돕는 어른이 요구
> 하는 것을 들어주어야 마땅하다.[16]

미소년은 어떻게 어른의 요구를 들어주었던 것일까? 동성애 성행위는 주로 다음 두 가지의 방법으로 이루어졌다. 하나는 어른이 미소년의 허벅지 사이로 성기를 넣고 비비는 방법 또는 (치욕스러운) 항문성교였다. 미소년은 남자에게 몸을 허락하는 여자처럼 어른에게 자신의 몸을 쾌락의 대상으로 내주었다.

고대 그리스인은 수동적인 남자는 사춘기가 지나도 소년이나 여성으로 취급했다. 어른임에도 불구하고 상대에게 몸을 허락한다고 소문난 남자는 떳떳하게 고개를 들고 다닐 수 없었다. 항문을 내주고 입으로 구강성교를 해주는 남자, 즉 하는 놈이 아니라 당하는 놈이 되는 것은 가장 치욕적인 일이었기 때문이다. 당시 가장 모욕적인 욕설은 "상대에게 몸을 대준다."라는 말이었다. 예를 들어 로마제국의 패권을 차지하기 위해 안토니우스Antonius와 옥타비아누스Octavianus가 전쟁을 하던 당시, 양쪽의 군인들은 상대를 비방하기 위해 "클레오파트라에게 구강성

교를 해주는 놈", "줄리어스 시저에게 항문을 대주었던 놈"이라고 욕했다는 기록이 있다.

그럼 고대에 여성의 동성애도 있었을까? 레스보스Lesbos섬에서 소녀들을 가르쳤던 사포Sappho에게서 레즈비언lesbian이라는 명칭이 유래했다는 사실은 잘 알려져 있다.[17] 그러나 사포가 성적으로 소녀들을 사랑했는지 아니면 강한 자매애에 지나지 않았는지에 대해서는 아직도 논란이 분분하다.

당시 여성의 동성애로 해석될 수 있는 공식적인 이야기가 있기는 하다. 오비디우스의 《변신 이야기》에 소개된, 여자에서 남자가 된 이피스Iphis 이야기다. 크레타의 왕비가 딸을 출산했다. 그런데 불행하게도 아들이 아니면 죽이겠다는 왕의 협박에 직면하자 왕비는 이피스를 아들이라고 속이고 남자 옷을 입히고 사내처럼 키웠다. 모든 것이 완벽한 듯이 보였다. 그런데 이피스가 성년이 되었을 때 문제가 생겼다. 왕이 이피스의 신붓감으로 아름다운 이안테Ianthe를 결정하고 두 사람의 결혼을 재촉한 것이다. 설상가상으로 두 사람은 첫눈에 사랑에 빠진다. 이때 결혼의 신 헤라가 개입하면서 문제가 해결된다. 헤라가 이피스를 남자로 성전환을 시킨 것이다.

이피스의 이야기를 제외하고는 고대 문헌에서 여성의 동성애에 대한 언급은 찾아볼 수가 없다. 현존하는 고대 도자기 그림에 여성의 동성애적 코드가 암시되어 있기는 하다. 하지만 가부장적 전통의 사회에서 레즈비언적 경험은 일탈적인 것 내지는 혐오스러운 것이라는 정도로 인식되거나 혹은 존재하지 않는 것으로 취급되었다.[18]

그런데 성전환된 이피스의 이야기는 시사하는 바가 크다. 여자가 남자로, 혹은 남자가 여자로 될 수 있는 성의 유동성을 보여주기 때문이다. 여기서 그리스 남자들이 능동성에 집착했던 이유를 짐작할 수 있다. 그리스 남자들은 남녀의 성적 구별을 유동적인 것으로 받아들였다. 남성과 여성의 성적 차이를 고정 불변이 아니라고 생각했다. 따라서 남자들은 자기가 여성이 될 수도 있다는 불안감을 안고 살았다. 남자로 살아남으려면 어떻게 해야 할까? 여자를 너무 가까이해서도 안 되고 어떠한 경우에도 여자처럼 언행을 하면 안 된다. 특히 여자처럼 행동하면 남자의 몸이 여자처럼 변한다고 믿었다. 갈레노스는 체열이 부족하면 남자의 몸이 성적으로 분화되기 이전의 상태로 되돌아간다고 주장했다.[19] 심지어 아리스토텔레스도 남자가 여성화되면 가슴에서 젖이 분비될 수도 있다고 말했다.

성인 남자란 무엇인가?《일리아스》의 주인공인 영웅 아킬레스가 가장 뛰어난 남자의 모범이다. 아킬레스에게 명예는 생명보다 귀중한 것이며 모든 상황에서 타의 추종을 불허하는 탁월함arete을 보여준다. 무엇보다도 그는 자신의 주인이다. 그래서 아가멤논Agamemnon에게 굴욕을 당하자(즉 아가멤논이 그의 주인인 듯이 오만하게 행동하자) 그는 천지가 진동할 정도로 분노한다. 분노한 아킬레스는 하늘에서 천둥과 번개를 날리는 제우스를 연상케 한다. 아킬레스의 분노가 곧《일리아스》의 주된 주제이지 않은가. 아킬레스와 같은 남자 중의 남자는 열이 많고 건조하며 몸에 약점(구멍)이 없는(빈틈없는) 존재다. 타인의 노예가 아니라 자기 결정권을 가지고 자발적으로 모든 것을 결정하는 주인kurio이다. 또한 자기 욕망의 노예가 아니라 욕망의 주인이다. 이처럼 위대한 남성성을 강화시키려면 무술을 연마하고 활발한 토론과 정치 활동을 함으로써 체열을 높여야 한다. 그러면 혈액이 훌륭하게 요리가 되고 힘이 센 정액을 다량으로 생산할 수 있다.

그럼 여자는 무엇인가? 아직 남자가 되지 못한 결핍된 존재, 자기 결정권과 자제력이 없기 때문에 타율적인 존재다. 따라서 여자는 재산을 소유하고 처분하거나 유산을 상속할 권리가 없다. 결혼 전에는 아버지의 소유, 결혼한 후에는 남편의 "소유물이나 가재家財"[20]다. 결혼은 일찍이 보호자였던 아버지가 그녀를 미래의 보호자 남편에게 넘겨주는 의식이었다. "정액은 예술가와 같다. 형상을 만들기 때문이다."라는 말처럼 결혼과 임신, 출산에서 여자의 역할은 장차 예술가가 반죽해서 형상을 만들어줄 진흙 같은 재료일 뿐이다. 당시 남자의 결혼 적령기가 30~32세, 여자의 결혼 적령기는 15~16세였다는 사실을 감안하면 성인인 남편이 미성년의 소녀를 취해서 자기가 원하는 아내로 교육을 시켰다 할 수 있다.

EARLY CHRISTIANITY & MIDDLE AGES 200-1453

**초기 기독교와 중세 시대,
3~15세기**

중세 수도승에게 육체는 악마였다.
아담과 이브의 원죄에 의해서 오염되고
타락한 것이 육체였기 때문이다.
순수한 육체라면 왜 이성의 나체를 보면
성적 욕망과 수치심으로 얼굴이 붉게 달아오르겠는가.
생식의 목적에서 벗어난 성행위는
악마의 유혹에 굴복한 죄악으로 간주되었다.

"천국을
위해 스스로
고자가 된 이도
있도다."

2

T. S. 엘리엇Eliot이 세계문학의 최고봉으로 손꼽았던 단테의 《신곡》에는 중세의 세계관이 총망라되어 있다. 우주에는 피라미드처럼 분명한 위계질서가 있다고 중세인은 생각했다. 존재론적으로 가장 낮은 곳에 무생물이 있다면 가장 높은 곳은 신의 영역이다. 또 도덕적으로 가장 낮은 곳이 지옥이라면, 중간 지대가 연옥, 가장 높은 곳이 천국이다. 단테는 이 3계를 각각 9단계로 분할함으로써 선과 악의 높낮이에 등급을 매겨놓았다. 말하자면 《신곡》은 선악의 위대한 건축물이라고 할 수 있다. 《신곡》 중 〈지옥 편〉을 재현한 조각가 로댕Rodin의 〈지옥의 문La Porte de l'Enfer〉 입구에는 다음과 같은 문구가 있다.

여기로 들어오는 모든 자는 희망을 버릴지어다.

지옥이란 무엇인가? 희망이 없는 공간이다. 그런데 이 지옥과 관련된 흥미로운 이야기가 하나 있다.

단테의 세계에서 육체적 사랑은 죄악이다. 세계문학사에서 가장 유명한 연인 중 하나인 파올로Paolo와 프란체스카Francesca는 두 번째 지옥에서 영원한 고통을 당하고 있다. 잘못이라면 사랑한 죄밖에 없지 않은가. 파올로와 프란체스카는 서로를 보자마자 첫눈에 반한다. 두 사람은 곧 결혼을 약속한 사이로 발전하는데 이 커플은 정략적인 신랑 바꿔치기의 희생자가 되어버렸다. 결혼식을 치르고 나서야 프란체스카는 자신이 파올로의 형 지오반니와 결혼했다는 사실을 발견한다. 하지만 결혼이 두 사람의 불같이 타오르는 사랑을 멈추게 할 수는 없었다. 밀회를 거듭하던 두 사람은 질투에 눈이 먼 지오반니의 칼에 목숨을 잃고 만다.

첫눈에 반한 선남선녀가 수많은 장애와 난관에도 불구하고 사랑을 지켜내는 것만큼 아름답고 낭만적인 이야기가 또 있을까. 중매에서 결혼으로 이어지는 무난하고 진부한 이야기는 하품만 나올 뿐이다. 그런데 단테는 이 불행한 연인을 동정하기는커녕 무시무시한 지옥에서 영원히 고통받도록 했다. 그것으로도 모자라 클레오파트라를 비롯해 트로이 전쟁의 단초가 되었던 헬레네, 사랑을 위해 목숨을 버린 디도Dido 등을 시옥에 가두었다. 난테가 파올로와 프란체스카를 지옥에 던져 넣은 이유가 뭘까?

사랑은 연인을 하나의 죽음으로 이끌었다.

단테의 표현처럼 신성한 결혼의 의무를 준수하고 순결을 지켜야 할 그들이 육체적 욕망과 성적 쾌락의 늪에 빠졌기 때문이다.

중세에는 성적이거나 육체적인 것은 악의 축으로 간주되었다. 사랑의 불길은 날름거리는 뱀의 혀처럼 위험하고 지옥의 불길처럼 치명적이다. 올바른 사랑이란 육체적 욕망이 제거되고 정화된 사랑, 에로스가 아니라 아가페agapē적인 사랑이어야 한다.

파올로와 프란체스카의 사랑 못지않게 유명한 것이 단테와 베아트리체Beatrice, 페트라르카Petrarca와 라우라Laura의 사랑이다. 파올로와 달리 단테는 베아트리체를 정신적으로 사랑하고 영원한 사랑으로 승화시켰다. 단테는 아홉 살 때 어린 베아트리체를 처음 만난다. 그 순간부터 자라난 베아트리체를 향한 연모는 단테의 세계를 지배했다. 단테는 자신의 사랑 이야기를 담은 《신생La Vita Nuova》에서 베아트리체를 인간이 아닌 천사처럼 묘사하고 있다. 페트라르카는 어떤가. 이탈리아의 시인 페트라르카는 교황청에서 일하던 중 라우라를 만난다. 그때부터 페트라르카는 연애시를 쓰기 시작해 평생 동안 그녀의 모습을 읊었다.

단테와 페트라르카에게 진정한 사랑이란 '불가능한 사랑'이다. 이런 맥락에서 보면 성관계로 발전한 사랑은 거짓 사랑이다. 현실에서 사랑을 성취한 중세의 유명한 연인으로, 단테보다 2세기 앞서 활동했던 아벨라르Abélard와 엘로이즈Héloïse가 있다. 12세기의 뛰어난 철학자인 아벨라르는 나이 어린 제자 엘로이즈와 사랑에 빠졌다. 두 사람은 결혼을 하고 자식까지 낳았지만 아벨라르의 명성에 피해가 갈 것을 두려워해 둘의 관계를 철저히 비밀에 붙였다. 하지만 이들의 관계는 발각이 되었고 불행하게도 아벨라르는 거세를 당해야 했다.

정욕이라는 괴물과 싸우다

유럽사에서 중세는 5세기에서 15세기까지 약 1,000년의 기간에 걸쳐 있다. 로마제국이 395년에 동과 서로 분열되더니, 476년에 서로마제국이 무너지고 중세가 시작되었다. 로마 시대가 지중해 세계를 통일한 권력의 시대라면 중세는 그리스도교적 겸손과 금욕이 지배하는 시대였다.

중세의 성에 대한 태도는 과거와의 완벽한 단절이 특징이다. 베수비오 화산 폭발로 잿더미에 묻혔던 폼페이의 벽화와 도자기에는 중세 이전의 성에 대한 태도가 어땠는지 분명하게 나타난다. 남근을 형상화한 그림의 밑에는 "여기 행복이 거주한다."라는 문구가 적혀 있었다. 로마인에게 남근은 번영, 풍요, 권력, 행운의 상징이었다.[21]

그러나 중세로 접어들면서 로마의 쾌락주의 문화는 더 이상 발을 붙

산드로 보티첼리,
〈성 토마스 아퀴나스St. Thomas Aquinas〉
-
근엄하고 심각하며 차가운 표정의 아퀴나스에게
현세는 내세의 구원을 위한 속죄의 준비 과정일 뿐이다.

일 수 없게 되었다. 중세의 세계관에는 지금 여기hic et nunc의 현세가 아니라 내세, 내재內在가 아니라 초월, 쾌락이 아니라 금욕과 고행이 자리를 잡았기 때문이다. 중세를 수놓았던 위대한 인물들을 떠올려 보라. 중세 최고의 사상가였던 아우구스티누스Augustinus와 아퀴나스Aquinas는 이 세상에는 즐거움과 웃음이 존재하지 않는다는 듯이 근엄하고 심각하며 차가운 표정을 짓고 있다. 이들에게 현세는 내세의 구원을 위한 속죄의 준비 과정일 뿐이었다.

중세는 성적으로 암울한 시기였다. 여자는 아담을 유혹했던 이브의 후예가 아닌가. 선악과의 결과는 성적 욕망이 아니던가. 성적 쾌감은 악마의 앞잡이라는 듯이 단죄되고 죄악시되었다. 성적 순결이 이처럼 이념적으로 강조되고 찬양되던 시기는 일찍이 인류 역사상 없었다. 자녀의 출산을 위해 최소한의 부부관계가 필요하다는 주장에 대해서 "차라리 인류가 전멸하는 것이 낫다."라는 반론이 제기되기도 했다. 이와 같은 극단적인 금욕주의는 물론 오래 지속될 수 없었지만 사도 바울St. Paul은 여전히 "타고난 고자"를 칭송했다.-22 고대 그리스인들이나 로마인들은 상상도 할 수 없는 일이었다.

금욕주의의 먹구름이 드리웠던 중세에 '로마적 음경'은 수모와 굴욕을 당해야 했다. 고대 그리스 로마 시대에 오로지 남자라는 성만 존재했다면 중세에는 성 자체가 아예 부정되었다. 중세 이전에는 취향으로 간주되었던 성행위가 중세에는 도덕의 영역으로 이관된 것이다. '성의 도덕화'가 시작된 것이다.

성의 도덕화란 무엇인가? 성행위를 좋고 나쁨이나 미와 추의 관점이 아니라 선과 악이라는 이항대립적 구도로 바라보는 태도다. 선한 성이 인류의 보전이라는 숭고한 번식의 사명을 띤 의무의 성행위라

54

면, 이러한 목적에서 벗어난 성행위는 타락한 성이다. 쾌락을 위한 성행위는 억제되고 금지되어야 하는 대상이다. 성기sexual organ는 생식기reproductive organ의 기능만을 해야 했던 것이다. 중요한 것은 쾌락이 아니라 번식이기 때문이다.

번식을 위해 존재해야 할 음경이 쾌락의 기관이기도 하다는 사실은 중세의 신학자들을 곤혹스럽게 했다. 아우구스티누스와 아퀴나스 같은 신학자들은 자신의 의지와 상관없이, 시도 때도 없이 반항아처럼 빳빳하게 고개를 쳐드는 음경을 용서할 수 없었다. 이성적인 음경이라면 생식의 필요를 위해서만 발기해야 마땅하다. 그렇지 않고 제멋대로 발기하는 음경은 인간이 타락했다는 확실한 증거라고 생각했다. 따라서 한밤중의 몽정 때문에 절망하는 수도승들이 적지 않았다. 아퀴나스는 "쾌락을 위해 교접하는 자는 모두 자연에 반하는 행동을 하고 있다."라고 주장했다. 그리스도교의 성인 히에로니무스Hieronymus도 다음과 같이 말했다. "남편은 아내를 매춘부처럼 다루어서는 안 된다. 아내도 남편을 애인처럼 다루어서는 안 된다." "지나치게 아내를 사랑하는 자는 간통한 남자와 같다."-23

중세 시대에는 성경의 아가雅歌나 오비디우스의 《변신 이야기》를 무성적無性的인 알레고리로 재해석해야 했다. 예를 들어 트로이를 탈출한 후 바다에서 표류하다가 카르타고에 상륙한 아이네이아스Aeneias는 여왕 디도와 사랑에 빠졌지만 로마를 건국해야 하는 소명감으로 매정하게 그녀 곁을 떠나 다시 항해에 오른다. 이 이야기를 중세의 성직자들은 예수가 악마의 유혹을 물리친 사건의 예시로 해석했다.

아가의 "내게 입 맞추기를 원하니 네 사랑이 포도주보다 나음이로구나."라는 구절이나 "네 두 유방은 백합화 가운데서 꼴을 먹는 쌍태 어린

사슴 같구나."라는 구절은 남녀의 애욕이 아니라 하나님을 향한 인간의 사랑으로 재해석되었다. 남녀의 육체적 관계를 신과 인간 사이 신성한 관계의 알레고리로 받아들였던 것이다.

기독교는 성욕을 인간의 본능으로 보았던 고대 그리스 로마와 정반대의 입장을 취했다. 성욕은 인간의 육체가 죄를 범했으며 타락했다는 결정적인 증거다. 성을 즐기는 생활은 기독교인이 아니라는 증거로 간주되었다. 이교도나 세속적인 사람만이 쾌락적인 생활에 연연한다고 생각했던 것이다. 하나님을 믿기 위해서는 세속적인 삶에서 단호하게 돌아서야 한다.

세속적인 삶으로부터의 극단적인 단절은 특히 초기 기독교의 특징이었다. 초기 기독교는 성적인 금욕을 이교도들은 상상할 수 없을 정도로 극한까지 밀어붙였다. 이제 막 뿌리를 내리고 제도화하기 시작하는 기독교로서는 로마의 세속적 문화를 비롯한 이교도와 확실하게 경계를 긋기 위해서라도 순결을 극단적으로 강조해야 했다. 사도 바울이 강조했듯이 기독교는 원죄와 더불어 출발한 종교가 아닌가.

초기 기독교인들이 성욕을 극단적으로 이단시하고 터부시했던 또 하나의 이유는 자신들이 살아있는 동안에 지상의 왕국이 끝나고 새 하늘과 새 땅이 열릴 것이라는 희망이었다. 세상이 곧 종말을 고한다면 재산과 신분, 쾌락, 처자식, 결혼 등 모든 것을 버리지 못할 이유가 없었던 것이다.[24] 사도 바울은 고린도전서 7장에서 말한다.

형제들이여. 시간이 임박했으니, 이제부터 결혼한 사람도 그렇지 않은 사람처럼 살아야 한다.

이러한 이유로 세속적인 도시를 떠나 광야나 황무지로 간 사람들도 적지 않았다. 어쨌거나 세속적인 삶에서 성스러운 삶으로의 급진적인 전향이 필요했던 것이다.

기독교가 고대의 세속적 윤리와 결정적으로 분리되는 지점이 단지 금욕에만 있었던 것은 아니다. 성적으로 탐닉하지 않는 것만으로는 충분하지 않았다. 스토아 철학자들도 극기를 이상으로 삼고 금욕을 실천하지 않았던가. 사람들의 손경을 받기 위해서 순결을 지키는 위선자노 있지 않은가. 중요한 것은 겉으로 드러난 행동이나 결과가 아니라 마음이며 심리적 동기였다. 윤리의 지평을 행동에서 동기로 전향한 것이다. 이것은 세계사적으로 혁명적인 사건이었다.

기독교는 눈에 보이지 않고 이성의 저울로도 측정이 불가능한, 심저心底에 표류하는 생각과 욕망, 심지어 무의식적 욕망까지 윤리의 대상으로 끌어올렸다. 성행위를 하지 않는 것만으로는 충분하지 않다. 성행위와 관련된 생각이나 마음을 품었다는 사실 자체가 이미 간음을 한 것이나 마찬가지다. 마태복음 5장에 다음과 같은 구절이 있다.

> 너희들은 과거에 간음을 하지 말라는 말을 들었다. 그러나 나는 너희에게 이르노니, 누구든지 여인을 보고서 야한 생각을 하는 사람은 이미 마음속으로 간음의 죄를 범한 것이나 마찬가지다.

예수는 생각이 곧 행동이라고 말한다. 의도가 곧 결과인 것이다. 이렇게 해서 기독교는 행동을 규제하는 종교가 아니라 동기와 심리, 마음, 즉 영혼을 보살피는 종교가 되었다.

기독교는 양심의 목소리를 강조한다. 양심은 하지도 않은 간음(미결정의 미래)을 이미 수행된 간음(지나간 과거)으로 시제를 바꿔놓는다. 기독교는 윤리의 축을 행동에서 양심으로, 법률에서 내적 동기로 전환시켰다. 양심은 하지도 않은 간음을 이미 범했다고 말하면서 우리를 괴롭힐 것이다. 기독교적 윤리의 내면화는 성욕과 성행위를 과거의 성적 관행으로부터 탈피하게 만드는 데 주요한 역할을 하게 된다.

처녀를 찬양하라

초기의 기독교도들에게 초미의 관심사는 성관계의 의미였다. 남녀가 성적으로 결합하지 않으면 출산이 불가능하다는 점에서 성은 인류의 보전을 위해 필수불가결하다. 그러나 종교는 상식의 세계를 초월하려는 성향을 가지고 있다. 예수는 남자를 모르는 성모 마리아에게서 태어나지 않았는가. 무염시태설immaculate conception은 남자와 여자의 성적 구분 자체가 무의미해지는 비전을 제공했다. 이것이 놀라운 구원의 메시지가 되는 이유는 창세기의 창조 신화 속 원죄와 관련이 있다.

아담과 이브는 에덴동산에서 어린아이처럼 천진난만하고 행복한 삶을 살았다. 대낮에 벌거벗고 있으면서도 부끄러움을 몰랐다. 성이 아직 죄에 오염되지 않았던 것이다. 그러나 선악과를 따먹는 순간 모든 것이 변질되고 말았다. 자신이 나체라는 사실을 갑자기 깨닫고는 부끄러워 얼굴이 붉어지고 허겁지겁 땅바닥에 떨어진 나뭇잎을 주워 음부를 가린다. 비둘기처럼 순결하고 순수했던 몸이 수치스러운 몸으로, 마음껏 보여도 좋았던 몸이 이제는 보이지 않게 감싸야 하는 몸으로 바뀌었다. 어느새 죄악이 몸에 깊숙이 스며든 것이다. 이것이 원죄原罪다. 그리고

디에고 벨라스케스,
〈무염시태Immaculate Conception〉

-

예수가 남자를 모르는 성모 마리아에게서 태어났다는
무염시태설은 남자와 여자의 성적 구분을 무의미하게 만들었다.

원죄의 가장 가시적인 증상은 성욕이다.

존 밀턴John Milton이 《실락원失樂園》에서 훌륭하게 묘사했듯이 아담과 이브는 상대의 나체를 보자마자 강렬한 성욕을 느꼈기 때문에 얼굴을 붉혔던 것이다. 성욕은 죄악의 결과이자 원인이다. 그러나 보라! 예수는 죄로 오염된 성적 결합이 없이 순결한 처녀 마리아의 몸에서 탄생하지 않았던가. 그리고 예수는 인간으로서 상상할 수 없을 만큼 순수하고 정결하며 성스러운 삶을 살았다. 33년 동안 그가 살았던 행적에서는 세속적 욕망의 흔적을 티끌만큼도 찾을 수가 없다. 기독교인은 그러한 예수의 순결하고 거룩한 삶을 본받아야 한다고 생각했다.

그런데 그런 삶이 가능하긴 한 것일까? 기독교인에게 가장 어려운 장애물이자 극복하기 어려운 유혹은 성적 욕망이었다. 더욱이 인간은 남녀의 성적 결합이 없으면 자손을 가질 수도 없다. 어떻게 순결을 유지하면서 동시에 번식의 소명을 다할 수 있단 말인가? 이것은 실현 불가능한 모순적 요구였다. 기독교인에게 성이란 무엇인가? 기독교를 이론적으로 체계화한 사도 바울이나 아우구스티누스, 아퀴나스와 같은 신학자는 이 질문에 대답해야 했다.

고대 그리스에서 능동성과 수동성의 대립으로 위계화하고 정치화했던 성이 기독교의 손에 넘어가면서 도덕화를 시작한다. 최초로 성을 도덕화했던 인물이 사도 바울이다. 그는 인간의 몸을 선한 몸과 악한 몸으로 구분했다. 선한 몸이 순결한 몸이라면 악한 몸은 타락 이후 욕망의 몸이다.

살에 박혀 있는 가시, 즉 사탄의 사자使者.

고린도후서 12장에서는 사탄이 깊숙이 들어와 있는 몸을 이야기한다. 이 인용문에서 바울은 자신이 앓고 있는 지병을 '가시'로 비유했지만, 가시는 넓은 맥락에서 성적 욕망과 유혹으로 이해할 수 있다. 바울은 평생 결혼을 하지 않고 독신으로 지냈다. 그는 기독교인이 하나님만을 소망하며 살기 위해서는 결혼을 하지 않는 것이 최선이라고 생각했다. 여자와 접촉을 하지 않아야 하는 것이다. 하나님과의 결합을 어찌 이성과의 결합에 비교할 수 있겠는가. 마태복음 19장에 다음과 같은 구절이 있다.

> 어미의 태로부터 된 고자도 있고 사람이 만든 고자도 있
> 고 천국을 위해 스스로 고자가 된 이도 있도다.

타고나거나 만들어진 고자가 아니라면 성적 유혹에 넘어가서 죄를 지을 가능성이 있다. 그럴 바에는 결혼 생활을 통해 성적 욕망을 해소하는 것이 낫다.[25] 이 구절에서 예수가 고자라는 말을 사용했다는 사실이 중요하다. 당시에 일반인에게 주로 알려진 고자로는 궁전의 환관으로 활동하는 거세된 남자와 키벨레Cybele를 섬기기 위해 거세한 이교도 사제galli가 있었다.

물론 당시에도 고자는 남자로서 더할 나위 없이 모욕적인 말이었다. 예수는 '고자'라는 치욕적인 처지의 남자를 가장 존경받을 만한 남자로 재해석함으로써 성적 순결의 중요성을 강조했다. 성적으로 문란한 생활을 할 바에는 차라리 거세를 하는 편이 낫다는 것이다. 그러나 예수는 모두가 독신으로 순결하게 살 수 없다는 사실을 잘 알고 있었다. 성욕이 강한 기독교인이 결혼을 하지 않고 독신으로 있으면 기혼자보

다 더욱 많은 유혹에 직면하고 타락하기 쉽기 때문이다. 그래서 독신으로 지낼 수 없는 사람에게는 결혼이 최선의 선택이라는 타협안이 나왔다. 물론 결혼보다 금욕이 좋다는 사실에는 변함이 없었다.

바울이 금욕을 강조했던 이유는 몸에 대한 생각에서 찾을 수 있다. 몸은 불결한 것과 접촉하면 오염된다. 마찬가지로 정결하고 순결한 상태를 유지하면 불결한 타락의 때를 벗고 백지처럼 순수해질 수 있다. 빌립보서 3장에는 다음과 같은 구절이 있다.

> 만물을 통치하는 힘을 가지고 예수님은 우리의 비루한 몸을 영광스러운 몸으로 만들어주실 것입니다.

한편에는 비루하고 타락한 몸이, 다른 한편에는 영광스럽고 순결한 몸이 있다. 예수를 믿고 의지하면 비루하고 타락한 몸이 영광스럽고 순결한 몸으로 변하는 기적이 일어난다. 비루한 몸이란 욕망에 시달리고 병에 걸리며 고통을 앓다가 노화로 죽어가는 몸이다. 이렇게 썩어서 사라질 몸은 참된 몸이 아니다. 참된 몸은 무엇인가? 죽지 않는 몸이며 성별의 구별이 없는 몸이다. 예수를 영접하고 세례를 받음으로써 기독교인은 참된 몸을 향한 여정에 오를 수 있다. 바울은 갈라디아서 3장에서 다음과 같이 말한다.

> 예수의 세례를 받은 기독교인에게는 유대인과 그리스인, 노예와 자유민, 남자와 여자의 구분이 없다.

남녀의 차이, 인종의 차이는 세속적이며 이교도적인 차이일 뿐이다.

예수를 믿으면 성별과 인종을 초월한 예수의 몸과 같아질 수 있다.

이런 몸의 변화를 단순한 비유라고 생각하면 안 된다. 바울도 과거 그리스인처럼 몸을 고정된 실체가 아닌 변화하는 과정으로 보았다. 그리스인은 여자처럼 말하고 행동하면 여자가 된다고 생각했다. 자녀가 남편의 외모를 닮는 것이 임신했을 때 남편을 자주 바라보았기 때문이라고 생각했다. 사람은 보고 만지는 것을 닮아간다는 것이다. 가장 많이 닮을 수 있는 방법으로 특별히 성행위를 꼽기도 했다. 바울 역시 고린도전서 6장에서 창녀와 몸을 섞은 남자는 그녀와 한 몸이 된다고 했다. 예수와 결혼하면 예수를 닮아가고 창녀와 성행위를 하면 창녀를 닮아가는 것이다.

초기 독실한 기독교인들은 자신의 타락한 몸을 정결하고 순수한 몸으로 변화시키겠다는 신성한 바람을 품었다. 세속적 욕망의 껍질을 하나하나 벗기면 타락 이전의 순수한 몸으로 회복할 수 있다고 생각했던 것이다. 순수를 회복하는 가장 좋은 방법은 고자처럼 성을 거부하고 동정童貞과 순결을 지키는 것이다. 인류 역사상 고자鼓子가 이만큼 훌륭한 인간의 전형으로 존경을 받았던 적은 없었다.

동정을 잃지 않은 수도승과 수녀는 남자도 아니고 여자도 아닌 제3의 성the third gender이라는 의견도 있었다.[26] 고대 로마의 알렉산더와 시저가 이웃나라를 정복함으로써 세상에 이름을 남겼다면 초기 기독교인은 성행위를 하지 않음으로써 탁월한 인물로 존경받았다. 세속적 쾌락을 거부하지 않으면 구원의 높은 고지에 오를 수 없다는 것이다. 단순한 금욕만으로 성에 차지 않으면 몸을 가시로 찌르고 채찍질을 하는 등 고행으로 몸을 학대했다. 성 베네딕투스St. Benedictus와 테레사Teresa 수녀는 고행의 실천으로 성인의 반열에 오른 대표적인 인물들이다.[27]

어느 날 성 베네딕투스는 과거에 만났던 아름다운 여자를 떠올릴 때 자신이 성적으로 흥분한다는 사실을 깨달았다. 그는 욕망에 굴복하면 안 된다는 생각에 "쐐기풀과 가시가 무성한 들장미"에 몸을 던졌다. 고통으로 신음하면서도 온몸이 피투성이가 될 때까지 그는 몸을 굴렸다. 그렇게 고통을 통해 쾌락의 욕구를 극복했다. 찢어진 피부에서 흐르는 피는 육체가 뱉어내는 유혹의 독극물이었다. 마침내 그는 자신의 죄로부터 승리를 거둘 수 있었다.[28] 서양 역사상 처음으로 고통의 추구가 쾌락의 추구를 앞지른 것이다. 쾌락의 먼지 하나까지 지우기 위해 겪는 고난과 고통은 성적 쾌락보다 훨씬 기쁘고 아름다운 것이었다.

자학과 고행으로 기독교인의 귀감이 되었던 또 한 사람이 성 오리게네스St. Origenes다. 그는 스물두 살의 나이에 의사를 찾아가 자발적으로 거세를 했다. "천국을 위해 자발적으로 고자"가 된 것이다. 성적인 유혹에 조금이라도 흔들리지 않으려고 아예 성의 싹을 잘라버린 것이다.[29] 그는 나중에 기독교 문화의 성자, "우리 모두가 신앙의 칼을 갈아야 하는 숫돌"[30]로서 추앙을 받았다. 성 오리게네스는 금욕과 단련을 통해 인간은 자유로운 영혼으로 변화할 수 있다고 주장했다.

《제일 원리들On First Principles》에서 성 오리게네스는 인간의 모습이 왜 각인각색으로 서로 다른지 물었다. 그리고 하나와 다수, 동일성과 다양성의 대조를 통해 그 대답을 찾았다. 신은 최초의 인간인 아담과 이브를 천사와 마찬가지인 영혼으로 창조했다. 영혼은 불길처럼 하늘을 향해 위로 치솟는 뜨거운 기운을 가지고 있다. 신의 빛을 향한 무한한 사랑과 갈망이 영혼의 본질이다. 그런데 타락한 후의 인간은 육체적 욕망voluptas에 이끌려 되는 대로 살아가면서 빛의 근원과 열기로부터 점차 멀어지고 그만큼 몸도 차가워지게 되었다. 뜨거웠던 영혼이 기운을 잃으면서 인간은 주석이나 납, 흙덩이처럼 차갑고 무거우며 제멋대로 생긴 몸으로 변질되었다.

성 오리게네스의 이론에 따르면 우리의 외모가 서로 다른 것은 각자 다른 방식으로 만족을 구했던 육체적 욕망 때문이다. 그렇다고 절망하기에는 아직 이르다. 아무리 타락한 사람이라도 가슴 한복판에는 신의 사랑을 향한 갈망이 남아있어서 주지육림酒池肉林의 쾌락 속에서도 현재의 삶에 완전히 만족하지 못한다. 누구나 온전한 몸으로 되돌아가려는 성향을 가지고 있다는 것이다.

그럼 납덩이처럼 차가운 몸을 어떻게 순결한 영혼의 몸으로 변화시킬 수 있을까. 성경의 욥기 23장에 다음의 구절이 있다.

> 그가 나를 (불로) 시험하기 때문에 나는 순금처럼 되어 나
> 올 것이다.

오리게네스는 '연금술사의 비유'를 문자 그대로 받아들인다. 연금술사는 광산에서 채취한 사금이 용광로의 불길을 거치게 함으로써 순금을 만든다. 불길을 많이 거칠수록 금의 순도는 높아진다. 인간의 몸도 마찬가지다. 인간에게 성욕은 인간을 동물의 수준으로 끌어내리는 죄악이다. 오리게네스는 인간의 성행위가 빛이 없는 어두운 밤에 이루어지는 이유도 죄악과 연결해 해석한다. 성행위가 아름답고 떳떳한 행위라면 백주대낮에 못 할 이유가 없다는 것이다.

그렇다면 어떻게 성적인 몸을 영혼으로 순화시킬 것인가? 타락한 몸은 용광로의 불길을 거쳐야 한다. 불 속에 던져지면 얼마나 뜨겁고 고통스러울까? 물론 실제로 인간이 불 속에 있을 수는 없다. 대신 고행과

금식을 통해 용광로의 고통을 대체할 수는 있다. 고통의 정도가 심할수록 인간의 순도를 높일 수 있다. 따라서 이를 악물고 금욕적 생활을 실천하면 우리 몸은 영혼으로 변화한다. 무겁고 칙칙하며 차갑게 응고되었던 몸이 가볍고 산뜻하며 따스한 몸으로 바뀐다는 것이다. 납덩이처럼 동물적 본능으로 추락하던 육체가 불기운처럼 가볍게 위를 향해 솟아오르는 몸이 된다.

오리게네스에게 인간의 성적인 몸은 미래에 '진짜'가 되어야 할 가짜 몸이다. 당연히 진짜 몸은 욕망의 때와 얼룩 없이 순결한 예수의 몸이다. 동정녀 마리아의 무염시태가 부정할 수 없는 그 증거다.[31] 반면 가짜 몸은 고집 센 못된 말처럼 욕망에 따라 움직이는 몸이다. 음욕을 품지 말아야 한다고 생각하지만 실제로 몸은 음욕의 지배를 받으며 유혹의 돌부리에 자주 걸려 넘어진다. 그래서 암브로즈Ambrose의 표현을 빌리면 '완벽한 예수의 몸'과 달리 인간은 '추한 흉터투성이의 몸'을 가지고 있다.

암브로즈를 비롯한 기독교 사상가들이 동정녀 마리아를 이상화한 것은 지극히 당연한 일이었다. 마리아는 예수를 출산한 후에도 계속 순결과 처녀성을 유지했다. 여기에서 순결한 몸이란 물론 남자를 모르는 몸을 말한다. 남자와 몸을 많이 섞을수록 여자는 순결의 이상으로부터 점점 멀어지고 더욱 타락하게 된다.

교회의 지도자들은 마리아의 처녀성 정반대편에 창녀를 놓는 것을 좋아했다. 앞서 말했듯이 다른 몸과 성적으로 접촉한 몸은 그것에 오염된 몸이다. 가장 많이 오염되어 무겁고 차가워진 몸의 전형이 창녀의 몸이다. 그런데 창녀가 아닌 여성도 안심할 수 없다. 결혼한 남자와 여자도 마찬가지다. 단 한 번이라도 몸을 섞는 순간 몸은 이미 오염되기 때문이다. 암브로즈는 처녀성을 다음과 같이 정의했다.

> 한 번도 다른 몸에 노출되지 않았기 때문에 때가 묻지 않
> 은 순결integritas한 몸을 말한다. 결혼으로 인해 처녀성을
> 잃은 여자도 자신의 귀중한 것을 잃는다. 다른 몸과 섞이
> 기 때문이다.[32]

말하자면 결혼도 영혼의 건강에 치명적이다.

처녀성을 이상화하는 움직임은 동정녀 마리아의 숭배로 이어져 마리아를 정점으로 하는 신자들의 위계가 생겨났다. 서열의 꼭대기에는 완벽하게 처녀성을 보존한 순결한 여성이 있다. 반대로 가장 밑바닥에는 유부녀가 있다. 재미있는 사실은 고대 그리스의 서열에서도 히스테리 환자인 과부는 처녀와 유부녀의 중간에 놓였다는 것이다. 남편이 없는 과부는 더 이상 성관계를 가지지 않으므로 유부녀보다 순결하다는 것이다. 말하자면 성행위는 없으면 없을수록 좋다.

이런 식의 관념은 사후의 심판과 상에 대한 규정에도 반영된다. 기독교인들은 인간이 생전에 행했던 선행과 악행의 비중에 따라 상이 정해진다고 보았는데, 유부녀는 30의 보상, 과부는 60의 보상 그리고 처녀는 100의 보상을 받는다. 과부가 유부녀보다 2배 훌륭하다는 의미다.

그렇다면 동정과 처녀성이 최고의 가치인 사회에서 결혼한 남녀는 구원의 희망이 없는 것일까? 아니다. 부부도 영혼의 건강과 안녕을 위해 금욕적인 생활을 할 수 있다. 섹스리스sexless 부부가 되는 것이다. 결혼한 여자도 금욕을 함으로써 처녀와 같이 순결한 위상을 되찾을 수 있다. 멜라니아Melania라는 귀부인은 남편 피니아누스Pinianus와 함께 처

녀 총각처럼 순결한 결혼 생활을 한 것으로 유명하다. 그들은 포교를 위해 전 재산을 헌납한 뒤 예루살렘에 정착해 수도원과 수녀원을 설립했다. 멜라니아의 독실한 삶은 제론티우스Gerontius 신부가 집필한 전기를 통해 널리 알려지게 되었다.[33]

중세에 섹스리스 결혼과 독실한 신앙으로 유명한 여자로 마저리 켐프Margery Kempe가 있다. 유복한 집안에서 태어난 마저리는 스무 살에 존 켐프와 결혼했다. 그녀는 첫 출산에서 산고로 앓아눕게 되었고 곧 죽을지도 모른다는 생각에 신부를 불러 고해성사를 했다. 끊임없이 그녀의 마음을 무겁게 짓누르던 '사적인 죄', 남편과의 성행위를 고백한 것이다. 하지만 고해성사로 마음이 가벼워지지 않았다. 영원한 지옥의 불길 속에서 고통을 당하리라는 두려움에 떨며 그녀는 악마의 환상을 보곤 했다. 이렇게 6개월 동안 병석에 누워 신음하던 중 그녀는 "딸아, 나는 너를 저버리지 않았거늘 너는 왜 나를 버렸는가?"라고 예수가 꾸짖는 소리를 듣는다. 그 뒤로 그녀는 금욕을 하기로 결심했지만 쉬운 일이 아니었던 모양이다. 마저리는 열네 명이나 되는 자녀를 출산한 뒤, 1413년에 남편과 순결 결혼celibate marriage을 서약했다. 그녀의 육체적 고통, 영적인 삶, 성지 순례 등의 독실한 삶은, 영어로 쓰인 최초의 자서전《마저리 켐프 서The Book of Margery Kempe》에 진솔하게 기록되어 있다.

하지만 누구보다도 순결한 삶을 통해 구원받을 수 있다는 가장 극적인 사례를 보여준 사람은 막달라 마리아Maria Magdala다. 막달라 마리아는 예수의 발에 향유를 바르고 입을 맞추며 회개했던 창녀다. 그녀는 예수에 의해 정신병을 치유하고 과거의 생활을 청산한 뒤 예수만을 섬기는 순결한 삶으로 돌아섰다. 예수가 십자가에서 죽는 모습을 끝까지 지켜보았고 부활한 예수를 가장 먼저 보았던 여인도 막달라 마리아

카라바조,
〈막달라 마리아Maria Magdala〉

-

막달라 마리아는 창녀였지만 순결한 삶을 통해
처녀성을 회복할 수 있음을 보여준 가장 극적인 사례였다.

다. 죄악으로 오염되었던 몸이 예수에 의해 축복받은 순결한 몸이 된 것이다. 막달라 마리아는 처녀가 아니었지만 순결한 생활을 통해 다시 처녀성을 회복한 여자의 귀감이 되었다.

당시 신앙의 길을 걸으려는 여자들 앞에는 두 개의 모델이 놓여 있었다. 아직 결혼하지 않은 처녀의 이상형이 예수의 어머니 마리아라면 처녀성을 상실한 여인의 이상형은 막달라 마리아였다. 제프리Geoffrey of Vendôme 추기경은《축복받은 막달라 마리아를 기리며》에서 말했다.

> 언제나 처녀였던 마리아는 이브의 저주로 닫혔던 천국의
> 문을 우리를 위해 열어놓았다. 그리고 막달라 마리아는 여
> 성을 수치와 치욕으로부터 구원해주었다.[34]

이브와 마리아의 대조는 죽음과 생명의 대조다. 니사의 주교였던 그레고리Gregory of Nyssa의《처녀성에 대해》에 따르면 타락 이전의 아담과 이브에게는 죽음도 없었다고 한다. 죽음이 없었기 때문에 부부관계를 통해서 자녀를 가질 필요도 없었다. 그런데 불행하게도 선악과를 따먹는 순간 죽음이 인간의 육체 속으로 들어왔다. 인간은 죽음의 그늘에서 벗어나기 위해 성행위, 즉 번식을 하게 된 것이다. 하지만 단언컨대인간은 성행위를 통해서는 결코 죽음으로부터 벗어나지 못한다. 그렇다면 어떻게 해야 할까? 기독교인은 자신이 타락 이전의 아담과 이브라고 생각하고서 성행위를 하지 않으면 된다고 그레고리는 주장한다.

한편 초기 기독교 사상가 가운데 인간의 성적 욕망에 대해 고민하면서 많은 글을 남긴 인물로 아우구스티누스를 꼽을 수 있다. 그는 젊은 시절에는 문화와 욕망의 중심지 카르타고에서 웅변술로 명성을 떨

쳤으며, 정부情婦와 함께 13년을 동거했고 둘 사이에 아들도 태어났다. 30대 초반까지 성적 욕망과 권력욕에 사로잡혀서 세속적인 삶을 살았던 그는 다른 신학자보다 성의 문제에 더 많은 관심을 할애했다.《고백록 Confessiones》3장에서 그는 고백한다.

> 카르타고에서의 나는 정욕이 씩씩 소리 내며 끓어오르는 주전자였다. …… 나는 사랑이라는 관념과 사랑에 빠져 있었다.

세속적 삶을 포기하고 개심한 이후에도 아우구스티누스를 가장 괴롭혔던 것은 성욕이었다. 그래서 나이가 들어도 시들지 않는 성욕을 그는 세상의 악 가운데 가장 큰 악으로 규정했다.

《고백록》에는 성욕이라는 괴물과의 싸움이 생생하게 기록되어 있다. 그런데 아주 인상적인 장면이 있다. 아우구스티누스는 자신의 성욕을 수동성으로 파악한다는 점이다. 성욕을 능동성이라 생각했던 고대 그리스인들의 인식과는 정반대에 놓여 있는 관점이다. 성을 묘사하는 대목에서 그는 남자의 수동성을 강조한다. '육체의 정욕에 사로잡히고' '악독한 정욕에 오염이 되었으며' '정욕이라는 광기에 제압되었다.'

아우구스티누스는 자신이 원해서 성행위를 했던 것이 아니라 그렇게 하도록 강요당했다는 듯이 진술한다. 그가 진정 '능동적으로' 원했던 것은 육체적 쾌감이 아니라 "때 묻지 않은 순수한 기쁨"이었다. 그런데 당시 강렬한 욕망에 코가 꿰어서 자신이 원치 않는 성행위로 내몰렸다는 것이다. 말하자면 그는 순수한 기쁨에 대해서는 능동적 주체지만 성욕에 대해서는 수동적이다.

아우구스티누스는 자신이 순수한 영혼의 자아와 육욕의 자아로 분열되어 있다고 생각했다. 영혼과 육체가 조화를 이루지 못하고 서로 충돌하며 갈등과 불화를 일으킨 것이다. 그에게 성적인 욕망이 더할 나위 없는 악인 까닭은 온전해야 할 인간을 두 개의 모순된 자아로 만들어 "악한 불일치discordiosum malum"를 낳았기 때문이다. 성적 욕망으로부터 자유롭지 않은 인간은 온전한 자아가 될 수 없다.

그런데 오리게네스나 암브로즈와 달리 아우구스티누스는 에덴의 아담과 이브도 남녀의 성적 차이를 가지고 있다고 보았다. 성적 차이는 타락의 결과가 아니라 본래적인 차이라는 것이다. 타락한 이후 변한 것이 있다면 생식기가 성기로 변질되었다는 사실이다.[35] 합목적적으로 신성한 번식의 의무만을 수행해야 할 생식기가 원래의 목적에서 벗어나 쾌락의 길로 잘못 빠지게 되었다는 것이다.

아우구스티누스는 남자의 성기가 시간과 장소를 가리지 않고 자주 발기한다는 사실에 주목했다. 타락하지 않은 생식기라면 낯선 여인을 보고 발기하는 일은 없을 것이다. 타락의 결과 합목적적인 생식기는 불합리한 성기가 되었기 때문에 자주 발기한다. 그런데 불행하게도 생식기만 죄악으로 오염되는 것이 아니다. 눈과 코, 귀, 손 등 몸의 다른 기관들도 성적인 반응을 보인다. 아우구스티누스는 특히 눈의 정욕concupiscentia ocularum에 대해 끊임없이 경고했다. 눈은 보고 아는 신체 기관이어야 마땅한데 왜 여자를 보고서 흥분하는가? 비슷한 의미로 종교개혁자 장 칼뱅Jean Calvin도 "육체적으로 눈이 멀면 신의 음성을 보다 가까이 들을 수 있다."라고 말했다.

아우구스티누스에게 중요한 것은 금욕하는 행위가 아니라 동기다. 자연의 섭리에 따라서 생식을 목적으로 하는 부부의 성행위는 사악한 육체의 정욕과 무관한 합목적적 행위다. 자연의 이치에 따른 행동으로서 성행위를 했다면 아내는 순결을 유지한 것으로 보았다. 그리고 남편에게는 아내의 순결을 존중하고 유지해줄 책임이 있다. 생식의 목적에서 벗어난 성행위를 강요하지 말라는 것이다. 만약 남편이 쾌락을 위해서 성행위를 하고 싶다면 아내가 아니라 창녀와 하는 것이 바람직하다. "자연에 반하는 생식기의 사용은 창녀에게도 끔찍하다. 그러나 아내에게는 더욱 끔찍하다."

쾌락을 위해 남편과 성행위를 한 아내는 창녀가 된 듯이 자신을 수치스러워해야 한다. 아우구스티누스는 그러한 잠자리를 하는 것이 아내에게는 남편의 불륜 현장을 목격하는 것보다 더욱 수치스럽고 모욕적인 일이라고 주장했다.[36] 결국 중요한 것은 남편과의 사랑을 유지하는 것이 아니라 처녀성을 유지하는 것이다. 남편의 외도가 인간에 대한 죄악이라면 쾌락을 위한 성행위는 자연의 섭리에 반하고 신에게 저항하는 행위이기 때문이다.[37]

아우구스티누스는 자위행위도 가증스러운 죄악으로 보았다. 고대 그리스나 로마에서 자위행위는 상대가 없어서 성적 욕망을 해소할 방법이 없는 남자의 궁여지책으로서 비난의 대상은 아니었다. 그러나 생식을 위한 성행위만이 자연적인 성행위로 정의되는 중세에 자위는 반자연적인 행동이 된다. 자위를 하다가 발각된 남자는 20일 동안 금식을 해야 했다. 여럿이 함께 자위를 하는 경우에는 채찍질과 같은 형량이 추가되었다. 귀중한 정액의 낭비wasting of seed이기도 하지만 무엇보다도 자연에 어긋나는 죄악이기 때문이다. 아퀴나스는 자위가 강간보다 더 나쁜 죄악이라고 주장했다. 자위는 이성과 자연 양자에 반하는 행동이지만 강간은 이성에만 반하는 행동이기 때문이라는 것이다.[38]

오리게네스나 제롬, 아우구스티누스, 아퀴나스와 같은 신학자들은 남녀 생식기의 해부학적 차이에는 관심이 없었다. 성을 선과 악이라는 도덕적 도식으로 바라보는 그들에게 생식기 내부의 구체적인 차이가 눈에 들어올 리 없었다. 아무튼 해부학에 관심이 없었던 신학자들은 아리스토텔레스와 갈레노스의 성차 이론을 의심하지 않고 받아들였다. 그래서 중세 신학을 종합했던 아퀴나스는 여자가 '결핍된 남자'라고 주장했다.

이런 관점은 의사들도 마찬가지였다. 그들은 갈레노스의 체액설 관점에서 남녀의 차이를 이해하고 환자를 치료했다. 여자의 생식기는 남자의 생식기를 기준으로 설명되었다. 질은 음경, 음순은 음경의 포피, 자궁은 음낭 그리고 난소는 고환에 상응하는 기관으로 봤다. 즉 여성의 음경은 질이며 여성의 고환은 난소라는 식이다. 난소와 고환의 차이가 있다면 여성의 것이 남자의 것보다 크기가 작은 대신에 더욱 단단하다는 것이었다.[39]

당시는 사체의 해부가 금지되었고 의사가 여성 환자의 몸을 만지거나 눈으로 직접 볼 수 없는 상황이었다. 그래서 여자 환자를 진찰할 경우에는 산파나 나이가 지긋한 여성이 반드시 동석해야 했다. 환자의 환부를 직접 살펴볼 수도 없어서 동석한 여성이 만져보고 의사에게 사실을 이야기해줘야 했다. 이렇게 간접적으로 여자 환자를 진찰하는 방식은 근대적 병원이 탄생하기까지 지속되었다.

그럼 중세의 일반인들은 남녀의 해부학적 차이를 어떻게 이해했을까? 13세기에 만들어진 중세의《문답집》에서 당시 일반인들의 성에 관한 상식을 살펴볼 수 있다. '생리menstruation'에 대한 두 개의 질문과 대답을 소개한다.

질문: 생리가 무엇인가?

답: 여자 몸의 각 부분에서 과잉 생산된 혈액이 자연의 법칙에 의해 자궁에 모이는데, 건강을 유지시키기 위해서 열과 영혼이 남아도는 잉여의 피를 몸 밖으로 배출하는 활동입니다.

질문: 그렇다면 어떻게 해서 생리혈이 만들어지나?

답: 여자의 몸이 찬 것은 자연의 이치입니다. 여자의 차가운 몸이 체열의 활동을 방해하기 때문에 위장에서 음식이 완전하게 요리되지 않고concocted 여분이 남게 되는데, 그것이 자연의 섭리에 의해 매달 체외로 배출됩니다. 그래서 멘스(menstruation의 라틴어 어원인 menstruális는 달마다monthly라는 뜻이다.)라고 부릅니다. 그런데 임신을 하게 되면 태아에서 나오는 열로 체온이 올라가고 그러면서 음식이 더욱 잘 요리가 되고 남아도는 피도 줄어듭니다. 태아는 자궁에 머물면서 생리혈의 영양분을 섭취하고 점점 크게 자랍니다. 밖으로 배출되어야 하는 생리혈이 태아를 위한 음식으로 보관이 되는 것이지요. 그래서 임신한 여자는 생리를 하지 않습니다.[40]

중세 사람들은 고대 그리스 사람들이 가지고 있던 성에 대한 상식을 그대로 공유하고 있음을 알 수 있다.

중세의 일반인들, 즉 평신도들은 어떤 삶을 살았을까? 성직자들의 권유처럼 엄격하고 금욕주의적인 삶을 살았을까? 아니다. 부활절 전 40일의 사순절과 같이 교회가 정한 금욕 기간에는 물론 적지 않은 평신도들이 금욕을 했다. 그 기간에 부부가 잠자리를 하면 괴물이 태어난다고 믿었기 때문이다. 그러나 정해진 금욕 기간을 제외하면 중세인은 성적으로 억압이 거의 없는 자유분방한 삶을 살았다. 본능에 충실하게 살다가 주일날 성당에 가서 고해성사를 하는 것으로 충분했다.

라뒤리Emmanuel Le Roy Ladurie가 13세기의 일상을 충실하게 복원한 《몽타이유Montaillou》를 보면 중세인들은 온갖 성적 쾌락과 일탈에 탐닉하면서도 죄의식을 느끼지 않았다. 남의 시선을 의식하지 않았던 그들은 면도나 세수도 하지 않았다고 한다. 성직자도 크게 다르지 않았다. 신부가 평신도보다 더욱 바람둥이인 경우도 많았다. 몽타이유의 주민들은 신부가 마을의 여자들을 가만히 내버려두지 않는 플레이보이라는 사실을 알고 있었다. "농민에게 마누라가 있는 한, 수도사들은 창녀를 살 필요가 없다."라는 속담도 있었다고 한다.[41]

사실 종교적 열정이 크게 약화되었던 중세 후반에는 홍등가의 주된 고객이 신학생과 신부였다. 신부들의 동성애는 공공연한 비밀이었다. 르네상스 시대 최고의 시인이었던 페트라르카는 다음과 같이 한탄했다.

강도, 강간, 간통 등이 호색한인 교황이 즐기는 일들입니다. 남편들이 투덜거리며 불평을 하면 교황은 그들을 국외로 추방합니다. 능욕을 당한 부인이 급기야 임신을 하면, 그제야 남편은 부인에게 돌아올 수 있습니다. 출산을 한 다음에는 엄청난 정욕의 갈증을 풀기 위해서 또다시 부인을 남편의 품에서 빼앗아 간답니다.[42]

리비도libido의 관점에서 인간의 신경증을 설명했던 프로이트라면 신부의 일탈을 억압된 본능의 귀환으로 설명했을 것이다. 중세 초기를 지배했던 성의 억압이 중기 이후로 점차 느슨해졌다는 사실은 '귀환'의 전형을 보여준다. 빅토르 위고Victor Hugo의 《파리의 노트르담Notre-Dame de Paris》에 등장하는 성직자 클로드 프롤로 판사는 배출구가 없는 주전자에서 비등하던 욕망이 어느 한순간 무섭게 폭발하는 끔찍한 사례를 실감나게 보여준다. 춤추고 노래하는 에스메랄다가 억압되지 않은 자연이라면 프롤로는 너무나 억압된 나머지 왜곡된 자연이다. 말하자면 중세 시대에 성직자를 제외한 대부분의 사람은 프롤로보다는 에스메랄다에 훨씬 가까웠다.

《중세의 가을Herfsttij der Middeleeuwen》에서 하위징아Johan Huizinga는 중세인이 우리와 달리 감정적 절제를 모르는 사람들이었다고 주장한다. 슬픔과 기쁨, 굶주림과 폭식의 극과 극을 오갔다는 것이다. 자크 프레베르Jacques Prévert도 시 〈무제〉에서 비슷한 중세인의 정서를 잘 표현하고 있다.

나는 나
나는 이처럼 생겼어요
웃고 싶을 땐
그래 터지듯 웃고
날 사랑하는 자를 사랑해요
그게 내 잘못인가요
내가 사랑하는 자가 매번
같은 자가 아니라면요

나는 나

나는 이처럼 생겼어요

그 이상 어쩌란 말이에요[43]

말하자면 중세의 엄격한 성적 금욕은 극소수의 수도승과 성직자를 위한 것이었다.

중세를 근대국가처럼 생각해서는 안 된다. 하나의 중앙정부로 통합된 근대국가와 달리 중세의 공간은 교회와 귀족계급, 평민이라는 세 계층으로 분할되어 있었다. 이 세 계층은 서로 분리되어 자율적으로 존재하면서도 위계적이며 상호보완적인 관계를 유지하고 있었다. 성직자의 일은 예배를 집무하고 기도하는 것이었으며 귀족의 일은 전투에 참전하는 것이었고 평민은 농지에서 곡물을 생산하면 되었다. 각자의 역할에서 벗어나지 않는 한 자유롭게 살 수 있었다.

교회가 신의 섭리에 반하는 끔찍한 죄악으로 단죄했던 동성애가 기사들의 세계에서는 (적어도 12세기까지는) 자연스러운 관행의 하나였다. "12세기 말, 13세기 초에 이르러 다른 집단과 엄격히 구별되는 폐쇄적인 계급으로 발전"[44]한 기사계급의 세계는 《일리아스》와 마찬가지로 여성이 없는, 오로지 남성만의 동성사회적 공간이었다. 목숨을 내놓고 싸워야 하는 전투에서 가장 중요한 것은 동료애와 연대감이다. 그런데 여성이 부재하는 공간에서는 동료애와 성적인 욕망을 구분하기 어려워진다. 우정과 애정이 함께 공존하는 것이다.

기사들의 세계를 다룬 작품 중에 크레티앙 드 트루아의 《죄수 마차를 탄 기사Le Chevalier de la Charrette》에는 주인공 랜슬롯과 갈오가 등장한다. 갈오는 랫슬롯이 자기 곁을 떠나기 전날 그의 침대에서 잠을 잔다. 그리고 다음날 랜슬롯에게 다음과 같이 말한다.

> 당신은 나보다 더 부유한 사람의 우정을 맞이할 수 있겠지만, 나처럼 당신을 사랑하는 사람은 결코 만나지 못할 것입니다. 게다가 나는 당신을 내게 붙잡아두기 위해서라면 어느 누구보다도 열심히 노력할 터이므로, 내가 다른 누구보다도 우선적으로 선택되는 것은 당연해요.

그리고 또 다른 대목에서 갈오는 랜슬롯의 "입과 눈에 입맞춤하면서" 그를 위로하기도 한다.[45]

중세의 문학에서 기사도문학은 궁정연애와 떼려야 뗄 수 없는 관계에 있다. 그런데 궁정연애는 동성애 코드와 정면으로 배치되는 것이다. 궁정연애는 기사가 영주의 부인에게 충성을 맹세하고 그녀의 사랑을 쟁취하기 위해 온갖 모험과 고난을 겪는 플롯을 가지고 있기 때문이다. 랜슬롯과 같은 남자 주인공은 아서왕을 사랑하는 것이 아니라 그의 아내인 귀네비어를 사랑하는 것이다. 여기서 기사도 로맨스는 이전의 동성애 코드를 밀어내고 이성애가 규범으로 자리를 잡게 되는 과정을 보여준다.

유명한 트리스탄Tristan과 이졸데Isolde 커플도 이러한 이행 과정을 잘 보여준다. 원래 트리스탄의 친척인 마크왕은 여자는 물론이고 결혼에도 관심이 없었다. 트리스탄에게 "너무나 큰 애정을 품고 있어서 그에 대한 사랑 때문에 배우자를 얻으려고 하지 않았기"[46] 때문이다. 그러나 신하들의 강요에 못 이긴 마크왕은 이졸데와 결혼하기로 결심하고, 사랑하는 조카 트리스탄이 그녀를 데려오도록 한다. 그 다음에 이어지는 사건

허버트 제임스 드레이퍼,
〈랜슬롯과 귀네비어Lancelot and Guinevere〉
-
기사가 영주의 부인에게 사랑을 맹세하는
기사도 로맨스는 동성애 코드를 밀어내고
이성애가 자리 잡는 과정을 보여준다.

은 우리가 익히 알고 있는 것이다. 트리스탄과 이졸데가 흔들리는 배 안에서 실수로 마크왕을 위해 마련한 미약을 마시고 치명적인 사랑에 빠진다. 여기에서 중요한 것은 마크왕과 트리스탄의 관계가 트리스탄과 이졸데의 관계로 이행하는 과정이다. 마크왕과 트리스탄이 함께 먹고 마시고 전투에 임하면서 자연스럽게 친밀한 관계를 형성했다면, 트리스탄과 이졸데는 미약의 개입으로 인위적인 관계를 맺는다. 트리스탄과 이졸데 전설에서 전형적인 궁정연애의 플롯이 미약 사건 이후 펼쳐진다는 사실은 의미심장하다.

아서의 왕비 귀네비어에게 반한 랜슬롯이 납치된 왕비를 구출하는 이야기인 《죄수 마차를 탄 기사》 역시 앞서 이야기한 동성애 코드와 이성애가 공존한다. 한편 영주 부인에 대한 기사들의 사랑은 성적 사랑이 아니라 영주에 대한 충성의 또 다른 표현이었다는 주장도 있다.[47]

RENAISSANCE
1301–1600

르네상스 시대, 14~16세기

위대한 부정否定의 시대였던 중세에 대한 반발로
르네상스는 위대한 긍정肯定의 막을 열었다.
"하지 말라!"라는 말이 아니라 "원하는 대로 하라!"라는 말이
시대의 정신이었다. 장밋빛 육체가 화려한 날개를 펴고
우유통이었던 유방乳房이 에로티시즘의 전당에 입성했다.

"할 수
있을 때
서로를
즐기자."

3

'사랑' 하면 가장 먼저 떠오르는 문학작품 중 하나가 셰익스피어William Shakespeare의 《로미오와 줄리엣Romeo and Juliet》이다. 영국 르네상스의 개화기인 1597년에 쓰여진 이 작품에서 두 주인공은 물불을 가리지 않고 사랑의 극한으로 치닫는다. 그런데 더없이 순수하고 아름답게 느껴지는 두 사람은 성숙한 성인이 아니다. 줄리엣의 나이는 불과 열네 살, 중학교 1학년 나이밖에 되지 않는다.

원수 집안의 남자와 사랑에 빠진 그녀는 사랑에 있어서 절대로 양보를 하지 않는다. 그것은 순진한 사랑일까? 절대 아니다. 줄리엣은 창밖에서 발을 동동 구르고 있던 로미오를 창을 통해 침실로 끌어들여 잠자리를 같이할 정도로 격정적이고 저돌적이다. 그와 함께라면 부모와도 의절하고 야반도주까지 불사하는 성격의 소유자인 것이다.

로미오는 어떤가? 그 역시 지고지순하고 청순한 사랑을 갈망하는 소년이 아니다. 그는 줄리엣과 만나기 전에 짝사랑하는 여자가 있었다. 로미오는 도도하고 차가운 여자, 로잘린에게 반해서 상사병에 걸릴 지경이었다. 그러다 줄리엣을 만나자마자 로잘린을 마음에서 지우고 사랑을 갈아탄다. 일편단심과는 거리가 한참 멀다.

정리하자면 로미오와 줄리엣의 사랑은 청순한 사랑이 아니라 세속적이며 육체적인 사랑이다. 이들의 육체적 사랑은 줄리엣을 딸처럼 사랑하는 유모가 그녀에게 적나라하게 성교육을 시키는 장면에서 정점에 이른다. 성을 죄악으로 보았던 중세의 단테와 달리 셰익스피어는 성을 건강한 관능으로, 또 삶의 한 부분으로 긍정했다. 이처럼 르네상스는 중세가 폐위했던 성을 다시 왕좌에 앉혀놓았다.

르네상스 시대의 결정적인 변화를 보여주는 작품이 보카치오Giovanni Boccaccio의 《데카메론Decameron》이다. 이 책은 점잖은 사람이라면 입에 담을 수 없을 정도의 외설적인 이야기로 가득하다. 예를 들면 이런 이야기다. 마세토라는 이름의 혈기왕성한 남자가 열 명의 수녀가 있는 수녀원에 잠입해서 벙어리 행세를 하며 모두와 성관계를 즐긴다. 수녀들은 벙어리인 남자가 소문을 낼 리 없다고 생각해서 마음껏 욕정을 채운다. 그런데 마세토의 환락에 위기가 닥친다. 정력이 고갈되어 열 명의 수녀들을 상대하기에 역부족이 된 것이다. 마세토는 결국 자기가 벙어리가 아니라고 커밍아웃을 하고 수녀원에서 벗어나게 된다.

18세기의 위대한 비평가 새뮤얼 존슨Samuel Johnson은 《데카메론》에 비하면 지극히 점잖은 셰익스피어의 작품에도 부도덕한 부분이 많다고 지적했다. 그래서 외설적인 대목을 깡그리 도려내는 식으로 편집한 뒤에야 《셰익스피어 작품집》을 출간했다. 18세기에 비하면 르네상스가 얼마나 성적 욕망에 관대했는지 짐작할 수 있는 대목이다.

넓고 풍만한 유방의 유혹

사실 문학작품보다 미술작품에서 육체의 부활은 더욱 실감나게 그려진다. 르네상스의 화가들이 그린 마리아와 예수가 중세와 얼마나 다른지 비교해보면 쉽게 알 수 있다. 중세인에게 마리아는 무염시태, 성을 모르는 영원한 처녀였다. 따라서 그녀의 몸은 조금이라도 2차 성징이 드러나지 않아야 했다. 이것은 예수의 육체에 대해서도 마찬가지다. 예수는 30대의 혈기왕성한 청년이 아니라 신의 아들이다. 예수와 마리아는 남자와 여자라기보다는 추상적 의미에 가까웠다.

루벤스Peter Paul Rubens가 그린 예수와 마리아의 모습을 보라. 안트베르펜 성당의 〈십자가에서 내림Descente de Croix〉에서 예수는 근육질에

페테르 파울 루벤스,
〈십자가에서 내림Descente de Croix〉

-

실감나는 육체를 추구한 르네상스 시대에는
예수도 근육질에 몸매가 좋은 30대 청년으로 그려졌다.

몸매가 좋은 청년으로 묘사되어 있다. 홀바인Hans Holbein의 〈무덤 속의 그리스도 주검The Body of the Dead Christ in the Tomb〉은 또 어떤가. 나중에 도스토옙스키Fyodor Dostoevskii가 신앙을 빼앗아갈 고약한 그림이라고 불평했던 것도 무리가 아니다. 이 그림에서 예수는 다른 사람들과 마찬가지로 부패하기 시작하는 시체에 지나지 않는다.

성적으로 자극적인 성화聖畵들 중에서 가장 대표적인 예가 레니Guido Reni의 〈성 세바스티아누스St. Sebastian〉다. 성 세바스티아누스는 예수를 믿는다는 이유로 기둥에 묶여 수많은 화살을 맞고 순교한 인물이다. 그런데 동성애자였던 일본 소설가 미시마 유키오三島由紀夫는 레니의 그림을 보고서 흥분한 나머지 자위를 했다고 한다. "그 그림을 처음 본 순간 나의 모든 존재는 모종의 이교도적 환희로 뒤흔들렸다. 내 피는 끓어오르고 내 육체의 기관은 분노의 빛으로 넘실거렸다. 이 거대한, 금방

한스 홀바인,
〈무덤 속의 그리스도 주검The Body of the Dead Christ in the Tomb〉
-
예수는 다른 사람과 마찬가지로
부패하기 시작하는 시체처럼 그려졌다.

귀도 레니,
〈성 세바스티아누스St. Sebastian〉

-

기둥에 묶여 수많은 화살을 맞고 순교한 성 세바스티아누스는
거룩하고 신비롭기보다는 오히려 에로틱하다.

터질 듯이 부풀어 오른 나의 일부는 여느 때 없이 격하게……. "-48 거룩
하고 신비로워야 할 성자의 모습이 포르노처럼 보인 것이다.

르네상스 시대 육체의 발견은 성모 마리아상에서 정점에 이른다.
보티첼리Sandro Botticelli나 다빈치Leonardo da Vinci, 라파엘로Sanzio
Raffaello와 같은 르네상스의 위대한 예술가들은 예외 없이 성모 마리아
의 모습을 화폭에 담았다. 이들은 성모 마리아의 신성을 강조했던 중세
의 화가들과 달리 여성적 아름다움의 이상을 사실적으로 구현하기 위
해 노력했다.

성욕을 일곱 가지 대죄 중 하나로 간주했던 중세의 화가들은 밋밋한
가슴의 소년 같은 모습으로 마리아를 그렸다. 가슴이나 성기가 노출된
여자를 그렸다면 그것은 사악한 유혹자의 알레고리를 보여주기 위해서
뱀이나 두꺼비에게 공격당하는 모습으로 그리곤 했다.

그러다가 중세 후반부터 성모 마리아는 아름다운 가슴을 가진 여자
로 재현되기 시작했다. 말하자면 14세기는 에로틱한 대상으로서 유방
을 발견한 시대였다.-49 이후 르네상스 화가들은 죄가 없이 영적으로 완
전한 마리아는 아름다움도 완전해야 한다고 보았다. 선과 미의 불일치
를 강조했던 중세와 반대로 르네상스 시대에는 내면의 선과 진리를 외
면의 아름다움으로 표현했다.-50 추는 악이고 거짓이 되었다.

르네상스 이탈리아의 대표적인 철학자인 피치노Marsilio Ficino는 자연
에 추한 것이 있다면 예술을 통해서 아름답게 만들어야 한다고 주장했
다. 당시 미학의 이론적 기초를 마련했던 알베르티Leon Battista Alberti는
아름다움의 본질을 조화와 균형에서 찾았다. 그렇다면 성모 마리아는
머리카락, 얼굴, 팔, 다리, 가슴 등이 완전한 균형과 조화를 이루어야 했
다. 성모 마리아는 피와 살이 있는 아름다운 여자, 그것도 성적으로 아

름다운 여자가 된 것이다.

장 푸케Jean Fouquet의 〈플룅 성모 마리아Virgin and Child Surrounded by Angels〉만큼 마리아의 세속적 아름다움을 잘 묘사한 작품도 없을 것이다. 그녀는 가슴이 깊이 파인 옷을 입고 있으며, 왼쪽 유방을 완전히 드러내고 있다. 그녀의 유방은 탐스럽게 둥글고 장밋빛 유두는 아름답다. 이 그림에서 마리아의 모델은 샤를 7세의 애첩으로 "미인 중의 미인"이라고 불렸던 아녜스 소렐이다. 애첩이 성모 마리아가 되다니! "미의 유혹은 항상 육체의 매춘과 관계된 유혹이다."[51]라고 말했던 테르툴리아누스가 이 그림을 보았다면 분명 신성모독이라면서 화가에게 저주를 퍼부었을 것이다.

여기까지만 보아도 중세와 르네상스가 얼마나 다른지 확연히 차이를 알 수 있다. 그런데 도덕적 검열 없이 오직 아름다움을 예찬했던 르네상스의 정서가 중세하고만 다른 것은 아니었다. 르네상스는 19세기의 정서와도 많이 다르다. 만약 빅토리아 시대 여자들이 〈플룅 성모 마리아〉를 보았다면 그 자리에서 혼절이라도 하지 않았을까.[52]

성모 마리아도 육체적으로 아름답게 묘사한 르네상스 시대인데, 일반 여성의 성적 아름다움을 얼마나 부각시켰을지는 충분히 짐작하고도 남는다. 몇 개의 대표적인 예를 들어보자. 보티첼리의 〈비너스의 탄생The Birth of Venus〉, 티치아노Tiziano Vecellio의 〈우르비노의 비너스Venus of Urbino〉, 라파엘로의 〈라 포나리나La Fornarina〉, 루벤스의 〈세 여신The Three Graces〉, 렘브란트Rembrandt van Rijn의 〈다윗왕의 편지를 손에 든 밧세바Bathsheba with King David's Letter〉를 보자. 여인은 자신의 풍만하고 농염한 나체를 자랑한다. 무엇보다도 성적인 아름다움의 중심은 유방이다. 그것은 막 고개를 내밀기 시작하는 처녀의 가슴이 아니라 성숙

장 푸케,
〈믈룅 성모 마리아Virgin and Child Surrounded by Angels〉
-
르네상스 시대의
성모 마리아는 아름답고 유혹적이다.

산치오 라파엘로,
〈라 포나리나La Fornarina〉

-

르네상스 시대에 유방은 만개한 여성이 가진
성적 아름다움의 대명사가 되었다.

한 여인의 무르익은 유방, 장밋빛 유두가 빛나는 탐스럽고 둥근 우윳빛 유방이다.[53]

회화 역사상 처음으로 화가들은 유방의 아름다움을 발견하고 차마 눈을 떼지 못한다. 과거에 모성과 수유의 차원에서 이해되었던 유방이 르네상스 시대에는 만개한 여성이 가진 성적 아름다움의 대명사가 되었다. 어떤 시인은 말했다.

> 미녀의 가슴은 넓고 풍만하며, 두 가슴의 출렁임은 미풍
> 에 흔들리는 파도와 같아야 한다.[54]

이상적인 유방의 아름다움을 훼손하지 않고 보존하기 위해 르네상스의 귀부인들은 자녀의 수유를 젖유모에게 맡겼다. 이렇게 아름답게 가꾼 유방을 노출하도록 만들어진 의상, 데코르테decolletee는 대대적인 유행을 일으켰다. 데코르테는 아름다움은 물론, 부와 높은 지위의 상징이었다. 당시 유방은 "10퍼센트의 상류층 유방과 90퍼센트의 하층민 유방으로 나뉘었다."[55] 회화 작품에서도 선명하게 드러나듯이 귀족의 유방은 둥글고 풍만한 반면 하녀나 농부의 유방은 볼품없이 축 처졌다.

이와 같은 유방의 과시적 노출은 고대 신화 속 여신들의 노출된 유방과는 의미가 다르다. 전자가 에로티시즘이라면 후자는 다산과 풍년을 상징하는 제의적 의미가 강하다. 이를테면 에페소 박물관에는 아르테미스Artemis 여신상이 있다. 그녀의 가슴에 달린 스물네 개의 유방은 아무리 과장해도 에로틱하게 보이지 않는다.

억압되었던 육체의 해방은 육체의 축제를 가져왔다. 왕이나 교황이 행차할 때는 도시의 이름난 창녀들이 나체로 행렬의 맨 앞에서 자랑스

렘브란트 판 레인,
⟨다윗왕의 편지를 손에 든 밧세바Bathsheba with King David's Letter⟩

-

여인들은 탐스럽고 둥근 유방과
풍만한 육체를 자랑한다.

럽게 행진을 했다. 알브레히트 뒤러Albrecht Dürer는 일기에 "나는 나체 미인을 특별히 흥미롭게 보았다."[56]라고 당시의 광경을 기록했다. 축제에는 저글링하는 마술사, 악사, 배우, 음유시인, 가장 가면, 화려한 각양각색의 옷을 입은 시민들이 분위기를 띄우고 창녀들은 손님을 유혹하기에 여념이 없었다.

이런 카니발은 로마의 농신제 전통을 기독교에 접목한 것이다. 카니발은 라틴어의 카르네 발레(carne vale, 고기여, 그만), 혹은 카르넴 레바레(carnem levare, 고기를 먹지 않다)에서 유래한 어휘로, 사순절 40일 전, 금욕적 생활로 들어가기 전에 실컷 먹고 마시고 즐기는 행사였다. 중세 시대의 카니발은 중세인들에게 잠시나마 탈출구가 되었고 이후 축제는 르네상스 시대에 더욱더 활발하고 화려한 행사가 되었다.

육체의 해방은 아름다움의 기준과 유행에도 반영되었다. 금욕이 공식적인 담론이었던 중세에는 여성의 가는 허리와 가늘고 긴 팔다리를 아름답다고 생각했다. 육체의 안락을 부정하며 고행하는 성직자의 몸과 조화를 이루는 아름다움을 중요하게 여겼던 것이다. 그러나 르네상스에서 아름다움의 축은 금욕이 아니라 육체의 축제에 있었다. 육체의 쾌락이 작렬하는 한낮의 축제, 여인들의 엉덩이는 둥글고 포동포동하며 허리도 임신한 듯이 부풀고 팔과 허벅지는 군살로 미어터진다. 미술비평가 바사리Giorgio Vasari의 말처럼 "푸짐하고 둥근 몸fullness and roundness"[57]들이 넘쳐난다. 아폴론의 절제가 아니라 디오니소스의 향락이 지배하는 시대인 것이다.

중세와 르네상스의 차이는 르네상스 시대의 사람들이 즐겼던 요리에도 잘 반영된다. 중세에는 설탕과 지방을 제거한 담백한 음식이 인기를 끌었다. 르네상스 사람들은 버터와 크림, 설탕을 잔뜩 바른 음식, 즉 살

찌는 음식을 즐겼다. 아름다운 여성이란 성숙하고 풍만한 여성이다. 라파엘로가 임신한 여인을 모델로 해서 〈라 그라비다La Gravida〉를 그렸던 것은 단순한 우연이 아니었다. 당시 남자들은 젊은 처녀보다 35세 ~40세 정도의 중년 여인을 선호했다.-58 피렌체의 속담에 "여자들은 기꺼이 큰 유방을 과시한다."라는 속담이 생길 정도였다.

르네상스 시대 사람들이 육체에 관심을 갖게 하는 데에는 거울 제작 기술의 발전이 한몫을 했다. 작고 볼록한 거울이 큰 평면거울로 바뀌면서 몸의 아름다움에 대한 관심이 더욱 커진 것이다. 여기에 인쇄술의 발명도 한몫한다. 서적의 대량 생산이 가능해지면서 화장법에 대한 책이 유행했다. 화장법의 유행은 아름다움의 기준이 규범화하는 것을 의미한다. 사람들은 아름다움의 조건으로 하얀 피부와 빛나는 금발, 빨간 입술과 볼, 검은 눈썹 그리고 둥글고 큰 유방을 꼽았다. 르네상스 시대에 확립된 외모의 기준은 이후 300년 동안 유럽의 역사를 지배했다.-59

르네상스가 유방이나 금발과 같은 여성의 몸을 심미적 대상으로 삼았다는 사실은 성의 역사에서 매우 중요한 의미다. 아리스토텔레스의 관점에 따르면 여자는 완전한 존재가 아니라 불완전한 존재, 남성의 불량품이다. 그리스의 회화나 조각이 대부분 남자의 나체를 재현했던 이유도 여기에 있다. 아름답고 이상적인 것은 근육질의 건장한 남자다. 그래서 실오라기 하나 걸치지 않은 남자의 나체, 남자의 성기는 자랑스럽다. 그런데 중세 후기에 여자를 이상화한 궁정연애와 기사도 문학이 나타났다. 다른 한편, 종교적으로는 마리아 숭배의 전통이 자리를 잡는다. 이 과정에서 여성의 이상적인 아름다움이 부각되더니 급기야 르네상스 시대에 정점을 찍게 된 것이다.

물론 르네상스 시대에 여자들만 성적인 아름다움을 과시했던 것은 아니다. 남자들도 성적인 아름다움의 경쟁에 뛰어들었다. 단순히 남자와 여자로 태어나는 것에 만족하지 않고 남자는 더욱 남성적으로, 여자는 더욱 여성적이 되어야 했다. 당시에 아름다운 남자와 여자가 되기 위한 매뉴얼로 널리 유행했던 카스틸리오네Baldassare Castiglione의 《궁정론》에는 다음과 같은 대목이 있다.

> 여성은 태도, 말씨, 언행, 처신 그리고 행동 등 모든 면에서 결코 남성 같아서는 안 된다. 남성에게는 어느 정도의 늠름함과 남성다운 정력을 과시하는 것이 잘 어울린다. 이와 마찬가지로 여성은 모든 동작에서 여성스러운 달콤한 분위기를 보이며 부드럽고 섬세하게 상냥함을 나타내는 것이 좋다.⁻⁶⁰

자기를 바라보는 타인의 시선을 끊임없이 의식하면서 자신의 매력을 발산해야 했던 르네상스인들이 그려지지 않는가. 이렇게 경쟁적으로 성적인 매력을 추구하는 과정에서 복장은 아주 중요한 아이템이었다.

중세 말에 일어난 복장혁명은 남녀의 차이를 더욱 부각시켰다. 남자의 윗옷이 짧아지면서 바지는 무릎까지 내려왔다. 특히 몸에 밀착되도록 입는 바지가 유행했는데, 그러면서 등장한 것이 성기 가리개codpiece다. 처음에는 딱 달라붙은 바지 때문에 돌출된 성기를 가려주는 역할을 했던 성기 가리개는 차차 남성성을 강조하는 수단으로 변모했다. 유행을 주도하는 상류층은 가리개를 더욱 크고 눈에 잘 띄는 색깔로 만들기 시작했다. 가리개를 크게 하면 그의 성기가 매우 크다는 인상을 줄 수 있었다. 티치아노가 그린 〈개와 함께 서 있는 찰스 5세Charles V

티치아노 베첼리오,
〈개와 함께 서 있는 찰스 5세Charles V Standing with His Dog〉
-
눈에 띄는 화려한 성기 가리개는 남성성의 상징으로,
그림의 가장 중앙에서 보는 이의 시선을 확 잡아 끄는 효과를 발휘한다.

Standing with His Dog〉를 보면 작품의 가장 중앙에 있는 성기 가리개는 여성의 유방처럼 시선을 확 잡아 끄는 효과를 발휘한다.

르네상스 시대의 이상적인 남자는 혈기왕성하고 정력과 남성미가 넘치는 군인이었다. 눈에 띄는 화려한 성기 가리개는 남성성의 상징이었다. 그림이나 조각에 재현된 그리스 남자의 성기와 비교하면 르네상스 시대의 남성성은 어떻게 다른지 확연히 드러난다. 그리스의 이상적인 성기는 성인의 것이 아니다. 아직 음모가 돋지 않고 포경이 되지 않은 미소년의 조그마한 성기였다. 커다란 성기는 선망의 대상이 아니라 반인반수의 괴물 사티로스처럼 볼품없고 우스꽝스러운 놀림감이다. 사티로스는 자신의 성욕조차 주체하지 못하는 괴물이지 않은가. 그런데 르네상스의 성기 가리개는 마치 사티로스의 성기와 같은 인상을 준다. 르네상스의 여자들이 가슴을 풍만하게 보이도록 노력하는 만큼 남자들은 성기가 커 보이도록 노력했던 것이다.

좋아서 하는 섹스는 죄가 아니다

신과 자연의 섭리에 의해 성기를 쾌락이 아닌 생식의 기관이라고 생각하던 중세의 성도덕은 중세 후기로 접어들면서 위기에 처했다. 종교개혁 이후 신학자들도 성에 대해 관대해진 것이다. 16세기 루터Martin Luther의 말 속에 그러한 태도 변화가 드러난다.

> 먹고 마시는 것처럼 아이를 임신하는 것은 자연에 깊이 각인되어 있다. 그렇지 않다면 신이 우리에게 성기와 혈관, 피를 비롯해서 임신에 필요한 기관을 주었을 리가 없다.

만약에 이것을 금지하고 또 자연이 행하는 자연적인 일을 방해하려는 사람이 있다면 그는 자연이 자연이라는 이유로 자연을 비난하는 것이나 마찬가지다.[61]

루터조차도 성적 욕구가 자연스럽다는 사실을 강조한다. 성욕을 비자연적이며 비이성적으로 간주했던 오리게네스나 암브로즈를 반박하는 것이다. 루터는 수도승이던 시절에 성욕과 싸우기 위해 고행을 하고 돌 위에서 잠을 자기도 했지만 그것은 오히려 욕망을 더욱 부채질했다고 한다. 부질없이 "장미빛 볼과 하얀 다리"[62]에 저항하면서 기력을 소모하느니 차라리 성직자도 결혼을 하는 것이 좋다고 했다. 심지어 "1주에 2회가 아내와 관계하는 횟수로 적당하다. 1년에 104번 …… 그렇게 하면 건강을 해치지 않고 105세까지 장수할 수 있다."[63]라고 주장하기까지 했다. 그리고 루터는 헌신적으로 자신을 돕던 수수한 외모의 수녀와 결혼을 했다. 이렇게 부부의 합법적인 성관계를 권장했던 루터였지만 부부가 아닌 남녀의 성적 쾌락에 대해서는 준엄했다. 예를 들어 매춘부를 "살인자, 독살범"이라고 부르면서 그들을 "고문한 다음 마차 바퀴에 매달아서 죽여야 한다."라고 주장하기도 했다.

르네상스 시대는 자연이 신학과 도덕의 영역으로부터 점차 분리되는 시기였다.[64] 르네상스 이전 시대에는 자연적인 것이 신의 섭리이며 도덕적으로 올바른 것이었다. 토마스 아퀴나스에 따르면 생식과 양육을 지향하지 않는 성행위는 음란할 뿐 아니라 신의 섭리를 반역하는 중대한 죄악이었다. 만약에 하녀가 기형아를 출산하면 그것은 그녀의 부도덕한 성행위에 대한 신의 징벌로 간주되었다. 또한 성경의 소돔과 고모라처럼 개인의 잘못은 당사자의 영역을 넘어서 공동체 전체를 감염시키고 파멸시킬 수 있는 것으로 생각했다. 이런 세계관을 가진 중세인은 흑사병이나 성병을 타락한 인간에 대한 신의 저주로 해석했다. 따라서 지나치게 성에 탐닉하거나 동성애를 즐기는 사람은 공동체 전체를 파멸시킬 위험한 인물이 되었다. 그러나 15세기에 들어서면서 이러한 주술적인 세계관은 무너지기 시작했다. 16세기 초 스코틀랜드의 철학자 존 메이저John Major는 말했다.

> 사과가 맛있어서 사과를 먹는 것이 죄가 아니듯이 섹스가
> 좋아서 섹스를 하는 것도 죄가 아니다.[65]

16세기에 이미 성행위는 개인적인 취향의 문제로 종교가 개입할 수 없다고 생각했던 것이다.

성행위가 억압적인 도덕의 규제에서 벗어나는 순간, 오히려 그것을 죄책감 없이 즐길 수 있게 되었다. 보카치오의《데카메론》에서는 성적 향연에 동참하지 못하는 사람을 지병으로 식욕이 없는 사람과 마찬가지로 동정한다. 등장인물 가운데 한 여자는 다음과 같이 성을 찬양한다.

> 자연의 법칙이 제일 우선이에요. 자연은 어떠한 사물도 아
> 무렇게나 만들지 않은걸요. 자연이 그런 귀중한 것을 우리
> 에게 준 것은 잘 활용하라는 것이지 녹슬도록 내버려두라
> 는 것은 아닐 거예요.[66]

르네상스 시대의 쾌락의 논리는 문학적으로 카르페 디엠carpe diem의 모티브로 발전한다. "현재를 즐겨라."라고 해석되는 카르페 디엠은 젊

고 건강할 때 삶을 즐기지 않으면 미래에는 기회가 없다는 의미를 담고 있다. 시인 앤드류 마벌Andrew Marvell의 〈수줍은 연인에게To His Coy Mistress〉는 여성에게 노골적으로 성적인 구애를 하는 시로 유명하다.

> 죽어서 무덤에 누워 있으면 아무리 두 남녀가 열렬하게 사랑한다고 해도 상대방을 두 팔로 안을 수가 없다. 그렇다면 살아있을 때, 할 수 있을 때, 서로 즐기자.

로버트 헤릭Robert Herrick은 〈처녀여, 시간을 잘 활용하라To the Virgins, to Make Much of Time〉에서 우리에게도 친근한 화무십일홍花無十日紅의 모티브를 인용하면서 꽃이 지기 전에 즐겨야 한다고 주장한다.

사과나 꽃을 즐기듯이 성을 즐길 수 있는가. 이것은 르네상스인들이 즐겨 묻던 질문이었다. 15세기만큼 매춘이 성행했던 시절도 없었다. 매춘이라는 제도를 없애면 세계 전역이 홍등가가 된다고⁻⁶⁷ 성 아우구스티누스가 우려할 만큼 피렌체나 플로렌스, 베니스, 로마와 같은 대도시는 물론이고 작은 도시에서도 공창公娼이 성업을 이루었다.

당시 베네치아에는 약 1만 1천 명의 매춘부가 일하고 있었으며, 베니스는 전체 5만 5천여 명의 인구 중에서 4천 900명이 매춘부였다고 한다.⁻⁶⁸ 작은 도시의 경우에도 천 명에 한 명 꼴로 공창에서 일하는 창부가 있었다.⁻⁶⁹ 서민들은 여관이나 목욕탕, 선술집에 가면 저렴한 비용으로 쉽게 성을 살 수 있었다. 대학생들은 밤이면 "매춘부의 꽁무니를 쫓아다니는 호색한들"이었다.

서민이 감히 접근할 수 없는 교양과 미모를 갖춘 고급 매춘부 코르티지아나cortigiana, courtesan도 있었다. '코르티지아나'라고 불린 이유는 교황이 법왕청papal court으로 자주 초대를 했기 때문이다. 'court'에 자유롭게 들락거리는 여자, 혹은 법왕청에 소속된 여자라는 의미에서 그런 명칭이 주어졌던 것이다.

당시 유명한 코르티지아나로는 임페리아Imperia, 다라고나Tullia D'Aragona, 프랑코Veronica Franco 등이 있었다. 이 중에서 다라고나는 수필을 발표했고 프랑코는 시인으로 인정받았다. 이들은 대부분 코르티지아나였던 어머니에게서 태어나 열여덟 살 무렵부터 어머니와 같은 길을 걷기 시작한다. 이렇게 뛰어난 외모와 기품 그리고 지성을 갖춘 코르티지아나들은 유명한 화가들이 즐겨 그리는 모델이 되었다. 홀바인, 티치아노, 페르메이르Jan Vermeer, 할스Frans Hals, 렘브란트 등 당대 대가들의 화폭에 그녀들이 담겨졌다. 코르티지아나들은 문학작품의 주제가 되기도 했다. 역사상 최초의 포르노라 할 수 있는 아레티노Pietro Aretino의《토론Ragionamenti》과 아리오스토Ludovico Ariosto의《레나La Lena》의 주인공이 모두 코르티지아나였다.

《군주론Il Principe》으로 유명한 마키아벨리Niccolò Machiavelli도 매춘부를 즐겨 찾았다. 그는 다음과 같은 말을 남겼다.

> 사랑의 신이 나를 너무나 단단하게 결박했기 때문에 나는
> 사랑으로부터 자유롭게 풀려날 생각을 포기했다. 그러한
> 기쁨이 없이는 행복하게 삶을 살 수가 없다.[70]

온전한 삶에는 성행위가 필수라는 것이다. 17세기 이후 홍등가를 찾는 유럽인들은 죄책감이나 수치심을 느낄 필요가 없었다. 부귀를 누리는 남자가 아내 외에도 "아름다운 말을 타고 다닌다면" 그야말로 금상

첨화가 아닌가.

당시 홍등가는 쾌락의 공간인 동시에 젊은 청년이 남자로서 자신을 완성하는 곳이기도 했다. 사춘기가 지났지만 아직 결혼하지 않은 청년은 어른도 아니고 아이도 아닌 애매한 위치에 있었다. 말하자면 그들은 고대 그리스의 미소년과 비슷한 처지였다. 사회적, 성적으로 수동적인 청소년이 성숙한 성인이 되려면 자신의 정체성을 능동성으로 재확립해야 한다. 그렇지 않으면 미래에 어떻게 아내와 가솔을 지배하는 가장의 역할을 할 수 있겠는가. 그럼에도 경제적으로 부모로부터 독립하지 못한 청년이 당당하고 적극적으로 행동하기는 쉽지 않았다. 이런 딜레마를 해결하는 방법의 하나가 홍등가였다.

청년들은 매춘부를 통해서 남자로서의 사회적 역할을 배운다고 생각했다. 자신의 요구에 고분고분하게 복종하지 않는 매춘부를 복종하도록 만드는 것, 관계의 주도권을 차지함으로써 자신의 남성성을 주장하는 것이다. 여기서 매춘 제도는 "공통된 성적 유대를 통해 결합된 남자들의 공동체가 구체화된 형태"[7]라고 할 수 있다. 이러한 경험을 토대로 경륜이 쌓이고 리더십을 갖추면 젊은 애송이였던 청년은 유명한 매춘부와도 관계를 맺을 수 있었다. 물론 유명한 그녀를 정복했다는 소문이 장안에 퍼지면 청년은 단숨에 유명인사가 되었다.

1550년경 피에트로 포르티니Piertro Fortini의 희곡에는 젊은 오레스토가 그와 같은 주인공으로 등장한다. 오레스토가 정복한 돌라리스는 "마음이 바다와 같이 넓고 세련되고 품위 있게 행동하는" 사람이 아니면 상대하지 않는 고급 매춘부다. 아무리 부귀영화를 누리는 남자라 할지라도 그녀의 기대에 미치지 못하면 문전박대를 당하고 말았다. 아리오스토의 작품 《레나》의 주인공 레나도 자기가 "아무 손님이나 받는다면 일반 매춘부와 다를 바가 없다."[72]라며 품위를 과시한다. 이런 고급 매춘부의 연인으로 선택받았다는 것은 당시 청년들에게 대단한 성취였던 것이다.[73]

그런데 매춘에 대한 자유로운 분위기는 오래가지 않았다. 16세기 중반 이후부터 매춘을 비난하는 여론이 들끓기 시작한 것이다.[74] 이것은 1495년부터 유럽을 강타한 매독의 영향이 컸다. 신대륙를 탐험하던 콜럼버스Christopher Columbus가 인디언 여자와 성적 접촉을 하면서 최초로 유럽에 전파되었다는 매독은 1495년에 나폴리를 점령한 프랑스 군인들에게서 처음 발병한 '성의 악마'였다. 유럽인들은 매독의 근원지를 홍등가라고 생각했다. 당시는 많은 남자와 성행위를 하는 여자는 질병에 걸린다고 믿던 시절이었다. 성교를 하면 자궁이 자주 뜨거워지고 많은 양의 분비물(씨앗)이 나와서 부패하게 되고 나쁜 노폐물을 남자의 성기가 흡수한다고 생각했던 것이다.[75] 그래서 매독이 사창가에서 창궐한다는 소문이 급속도로 전파되었다.

매독은 성행위가 문란한 나라 사람들이 잘 걸리는 병이라는 의미에서 프랑스 질병, 이탈리아 질병이라는 이름으로 불리기도 했고 신의 징벌이라는 기독교적 해석도 있었다. 당시 매독은 약으로 치료가 되지 않는 질병이었기에 두려움과 공포도 그만큼 컸다. 처음에는 성기 주위에 궤양이 생기는 것으로 시작해서 입술 주위에 수포가 생기고 증세가 악화되면 온몸에 반점과 종기가 퍼졌다. 감염된 사람 상당수가 발작과 정신착란 속에서 죽어가는 무서운 질병이었다. 유일한 치료법으로 권장된 것이 수은이었다는데, 물론 효과는 전혀 없었다.

매독은 1943년에 페니실린이 상용화되기까지, 500년이 넘도록 유럽인들에게 끔찍한 악몽이었다. 이제 매춘부는 젊은 남자를 유혹해서 가산을 탕진하게 하고 성병에 걸리도록 만드는 부도덕한 악의 원천이 되었다. 매춘을 장려하던 도시는 사창가를 도시 외곽으로 밀어내거나 아예 폐쇄하기도 했다. 사창가의 폐쇄와 함께 매춘부들은 도둑과 같은 범죄자로 취급당했다. 육체의 쾌락이 다시 법적, 도덕적 제재를 받게 된 것이다. 16세기 이후부터 성적인 순결과 정숙함이 다시 사회를 지배하는 미덕이 되었다.

르네상스 시대에 사창가를 들락거리지 않고도 즐길 수 있는 성행위로 동성애를 빼놓을 수 없다. 르네상스 시대 플로렌스의 성 풍속을 연구했던 학자는 당시 동성애가 특정한 그룹이나 계층, 혹은 동성애 성향이 강한 소수자에 한정되지 않은 성적 관행이었다고 주장한다. "동성애는 플로렌스 사회 전체의 정서 중 일부였다. 나이나 결혼 여부, 사회적 지위와 무관하게 모든 남자가 동성애를 즐겼다."[76]

이것은 르네상스를 대표하는 화가 뒤러와 유력한 명문가로 그를 후원했던 피르크하이머William Pirckheimer의 유명한 동성애적 관계로도 미루어 짐작할 수 있다. 여자 목욕탕뿐 아니라 남자 목욕탕의 풍경도 즐겨 그렸으며 자신을 '피르크하이머의 노예'라고 칭했던 뒤러는 자신의 반신상을 화폭에 담고는 그리스어로 "남자의 성기를 너의 항문에 넣어라."라는 문구를 적어 넣기도 했다. 당시 화가의 작업실은 동성애의 온상이었다. 유명한 화가 밑에서 도제로 일하는 젊은 청년들은 결혼을 하지 않는 것이 관례였다. 일찍이 뒤러의 작업실에서 도제 수업을 받았으며 나중에 유명해진 화가로 한스 발둥이 있다. 그는 여성의 동성애도 화폭에 담았다.

그렇다고 해서 동성애가 고대 그리스처럼 공공연하게 용인되던 성행위는 아니었다. 오히려 동성애는 종교적, 도덕적으로 허용될 수 없는 것

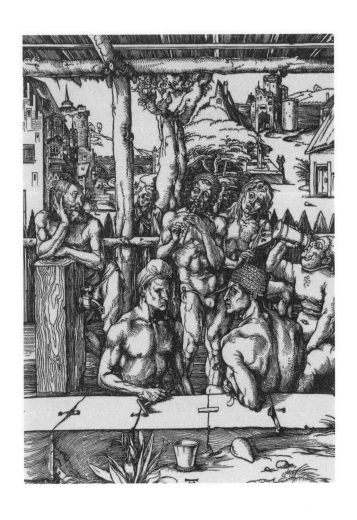

알브레히트 뒤러,
〈목욕탕의 남자들Bath of Men〉

–

동성애로 유명한 화가 뒤러는 여자 목욕탕뿐 아니라
남자 목욕탕의 풍경도 즐겨 그렸다.

이었다. 뉘른베르크를 비롯한 몇몇 도시는 항문성교를 한 동성애자를
사형에 처하기도 했다. 더욱이 여자가 동성애자로 밝혀지면 마녀로 몰
리기 일쑤였다. 동성애에 대한 중세와 르네상스 시대의 확연한 입장 차
이는 동성의 사회 공간이 이성의 공간으로 바뀌고 있다는 사실을 말해
준다. 공적인 공간에서 여성과 친밀한 유대를 맺는 것이 16세기 이후로
는 가능해진 것이다.[77]

쾌 락 의 발 견

르네상스 시대에는 남자와 여자의 성적인 차이를 어떻게 이해했을까?
중세에는 신학과 도덕, 철학에 묶여 있던 자연이 점차 독립적인 지위를
확보하기 시작했다. 그렇다면 해부학적으로 여자의 성을 남자의 결핍
이라고 정의했던 중세적 전통으로부터 얼마나 탈피할 수 있었을까? 중
세 말기부터 시체의 해부가 조심스럽게 허용되었으며 르네상스에 접어
들어서는 해부학이 대중적인 인기를 끌었다는 사실이 중요한 실마리가
될 것이다.

르네상스 사람들은 자신이 새로운 시대의 입구에 있다는 사실을 잘
알고 있었다. 해묵은 과거의 유산을 깨끗이 청산해야 한다는 결의도 다
지고 있었다. 1493년에 태어났으며 성병의 치유에 관한 책을 출판해 유
명세를 떨쳤던 파라셀수스Paracelsus는 중세를 지배했던 갈레노스의 의
학에 반감을 가지고 있었다. 그것은 한물간 이론이며 오류투성이기 때
문에 전통에 의존하기보다는 인간의 몸에 직접 귀를 기울여야 한다고
주장했다.

물론 대체로 르네상스 시대의 의학은 고대의 이론에서 벗어나지 못했

다. 중세의 인습에 비판적이던 학자들도 아리스토텔레스와 갈레노스의 이론을 반박할 생각은 하지 못한 것이다. 오히려 1520년대에 히포크라테스의 의서가 발견되면서 고대 의학에 대한 관심이 더욱 증폭되었다.

르네상스를 대표하는 의학자로《사람 몸의 구조De Humani Corporis Fabrica》약칭《파브리카Fabrica》를 저술한 베살리우스Andreas Vesalius는 파도바 대학의 교수로 학생들을 가르치면서 직접 눈으로 인체를 보고 배우라고 충고했다. 그런데 베살리우스는 해부한 사체를 관찰해 인체의 정확한 구조를 파악하려고 노력하면서도 자신이 갈레노스의 전통을 계승한다고 생각했다. 이런 생각은 영국의 유명한 의사였던 크룩Helkiah Crooke이 1615년에 출판한《소우주서Mikrokosmographia, a Description of the Boy of Man》에도 드러난다. 크룩은 여성을 불완전한 남성이 아니라 그 자체가 완전한 신체라고 생각했고 남녀의 상동성에 대해 비판적이었음에도, 스스로를 갈레노스주의자로 자처했다.

여기서 르네상스 시대에 해부학이 발전했다지만 전통적 이론을 수정하고 남녀의 차이를 규명하는 데는 역부족이었다는 사실을 알 수 있다. 베살리우스는 자신이 해부한 사체를 직접 눈으로 보면서도 사실은 갈레노스의 이론을 생각하고 있었던 셈이다. 질은 음경을 뒤집어 놓은 형태이며 자궁은 음낭이고 난소는 고환이라고 주장한 갈레노스의 이론에서 벗어날 수 없었다.[78]

일반적인 의학 상식도 미신이나 민간전승, 마술 등의 주술적 단계에서 벗어나지 못했다. 당시 사람들은 "왜 쌍둥이는 온전한 인간이 아니라 절반만 인간인가?" "왜 남자의 씨는 흰데 여자의 씨는 붉은가?" "목욕한 다음에는 왜 섹스의 쾌감이 감소하는가?"와 같이 극히 비과학적인 문제에 관심을 가지고 있었다. 그 밖에도 얼굴이 붉은 여자는 아이를 가지지 못한다는 것이 상식으로 통용되었고 쌍둥이는 그렇지 않은 사람보다 허약하다고 생각했다.

이러한 억견doxa보다 더욱 미신적인 것은 자식이 부모를 닮는 이유에 대한 설명이다. 임산부가 흑인을 보면 얼굴이 검은 아이가 태어난다고 생각하는 식이다. 마찬가지로 임산부가 토끼를 보면 아이가 언청이로 태어난다고 믿었다. 언청이는 영어로 'harelip(토끼의 입술)'이다. 토끼를 보면 토끼의 얼굴을 닮고 흑인을 보면 흑인의 얼굴을 닮는다는 미신적 세계관에서 벗어나지 못한 것이다.

그럼에도 해부학이 가져온 성과로 음핵과 나팔관의 발견을 들 수 있다. 1559년에 레날두스 콜럼버스Renaldus Columbus는 서양 의학 사상 처음으로 음핵을 찾아냈다. 그리고 음핵의 역할에 대해 다음과 같이 말했다.

> 음핵은 여성의 쾌락이 가장 집중된 부분이다. 만지면 단단해지고 길이가 늘어나기 때문에 남자의 음경처럼 보인다.

그런데 그가 사체에서 음핵을 발견한 것은 아니었다. 살아있는 여성의 성기를 손으로 직접 만져보았기 때문에 음핵의 변화를 느낄 수 있었다. 해부를 통해 알아낸 것은 아니지만 직접 눈으로 관찰해 얻어낸 성과였다. 콜럼버스는 자신이 최초의 발견자라는 자부심에 음핵을 '비너스의 사랑 혹은 달콤함the love or sweetness of Venus'이라고 이름 붙였다. 나팔관Fallopian tube이 발견된 것도 이 즈음이었다. 16세기에 가장 유명한 해부학자이며 의학자인 팔로피오Gabriele Falloppio가 나팔관을 발견했다. 당시 그것에 마땅한 이름이 없었던지라 팔로피오는 자기 이름을 붙였다고 한다.

그러나 음핵이나 나팔관의 발견이 여성 생식기에 대한 과거의 이론을 폐기하지는 못했다. 심지어 팔로피오도 여성의 나팔관에 상응하는 남자의 기관을 못 찾았지만 "남자에게 있는 모든 것이 여성에게 있다."라는 생각을 버리지 못했다.[79] 그는 나팔관이 남자와 근본적으로 다른 여성의 몸을 설명할 수 있는 핵심 기관이라고 생각하지 못했다. 이처럼 줄곧 여성을 남성의 관점에서 이해했던 이유가 뭘까? 주된 이유 중 하나가 남녀의 차이를 설명하는 이름이 없었다는 것이다.

적당한 이름이 없었기 때문에 음핵의 발견자 콜럼버스도 '그것'을 "자궁의 일부"로, 소음순을 "돌기"라고 불렀다.[80] 정작 두 눈으로 뭔가를 보면서도 그것을 지칭하는 개념이 없으면 아무것도 보지 못하는 것이다. 눈이 모든 것을 본다고 생각하면 안 된다. 눈은 개념화된 것만 볼 수 있다. 개념화되지 않은 것들은 그물코 사이로 빠져나가는 작은 물고기처럼 지각의 장으로 진입하지 못한다. 다시 말하면 지식의 체계에 등록된 것만이 시야에 들어온다.

현대의 뇌과학은 대상을 보고 있지만 시신경과 뇌신경 사이의 연결이 단절되어 있는 경우에 시각 정보가 뇌에 전달되지 않는다는 사실을 밝혀냈다. 이런 경우 보면서도 보지 못하는 일이 벌어지는 것이다. 르네상스 시대에 여성의 성기를 보면서도 보지 못하는 것은 어찌 보면 당연한 일이다. 당시에는 여성의 성기에 대한 지식과 개념의 체계가 시각과 연결되지 않았기 때문이다. 그 결과 해부학적으로 인체 구조를 연구했던 어떤 학자는 여자의 성기를 심장 모양으로 그리기도 했다. 소음순, 대음순, 질구, 치구, 요도구, 자궁내막, 자궁체부, 자궁강 등과 같이 생식 기관을 짚어주는 용어가 없던 시대에 남녀의 성기를 같은 것으로 보았던 것도 무리가 아니었다.

과거의 인습에서 벗어나 인체를 있는 그대로 보려 했던 의학자들도 여자는 여자가 아니라 '결핍된 남자'로 보았다. 고대나 중세의 사유에서 벗어나는 것은 의욕만큼 쉽지 않은 일이었다. 르네상스 시기에도 마녀사냥이 기승을 부렸다는 사실은 새로운 변화에 저항하는 세력이 많았다는 것을 반증한다. 1400년에서 1700년 사이에 3만 5천 명에서 5만 명에 이르는 사람들이 마녀재판의 희생자가 되었고 그중에 80퍼센트가 여자였다. 이것은 무엇을 의미하는가? 여성의 '성'에 대한 막연한 두려움과 공포가 먹구름처럼 르네상스의 하늘을 뒤덮고 있었던 것이다.

해부학이 곧 의학의 근대화만을 의미하는 것은 아니었다. 해부학은 세계관의 변화에도 적지 않은 영향을 미쳤다. 과거에 인간은 대우주와 상응하는 소우주로서 조화로운 우주적 질서의 일부였다. 갈레노스의 체액설은 물, 불, 공기, 흙이라는 우주의 기본 원소를 전제하는 이론이다. 그런데 이 네 가지 요소의 균형이 깨진다는 것은 곧 천재지변을 의미하는 것이었다. 그래서 인간을 해부하는 것은 자연의 질서를 파기하는 행위로 비쳤다. 예를 들어 르네상스 시대 이전에는 전쟁에서 전사한 병사의 장례를 치르기 위해 병사의 시체를 고향으로 옮기는 것이 매우 어려운 일이었다. 시체를 물에 끓여 뼈만 추려내어 고향으로 보내자는 의견도 있었지만 교황은 신성모독이라는 이유로 허락하지 않았다. 하늘나라에서 온전하게 부활할 몸을 절단하거나 훼손할 수 없다는 것이었다.[81]

르네상스 시대에 이르러서야 인체 해부가 성행하게 되었다. 이것은 곧 우주적 조화론과 종교적 세계관으로부터의 단절을 의미하는 것이다. 다빈치는 30구의 시체를 해부하고 200쪽의 해부학 스케치를 했으며,

해부학 저서를 집필할 계획까지 세우고 있었다. 대학의 해부학 강의에 일반인들이 500명이나 몰려들 정도로 르네상스 시대에는 해부학이 인기를 끌었다. 비로소 주술적 세계관이 과학적 세계관으로 바뀌기 시작한 것이다.

ENLIGHTENMENT
1601–1800

계몽주의 시대, 17~18세기[82]

남자는 지옥의 불구덩이로 떨어져도 좋다.
어차피 여자가 남자를 구원해줄 테니까.
여자는 순결한 천사가 아닌가! 여자는 베아트리체다.
아니라면? 그럼 그녀는 매춘부다.

"나는
당신의
장난감 같은
존재였어요."

4

18세기에는 전통적인 문학 장르였던 서사시나 희곡이 밀려나고 '소설'이라는 새로운 장르가 출현했다. 소설의 효시로 평가되는 대니얼 디포Daniel Defoe의 《로빈슨 크루소Robinson Crusoe》가 1719년에, 조나단 스위프트Jonathan Swift의 《걸리버 여행기Gulliver's Travels》가 1726년에 출판되었다. 그리고 자칫하면 무시하기 쉬운 사실인데, 영국의 첫 포르노 소설이라고 할 수 있는 《패니 힐Fanny Hill: Memoirs of a Woman of Pleasure》도 같은 시기에 탄생했다. 작가인 존 클리랜드John Cleland는 840파운드의 빚을 갚지 못해서 수감되어 있던 1년 동안 이 작품을 썼고 1748년과 1749년에 두 권의 책으로 출간했다. 그러나 이 책의 출간으로 그는 다시 법정에 서야 했다. "국왕과 신민을 타락시킨다."라는 이유였다. 결국 출판된 모든 책을 불태운다는 서약을 한 뒤에야 풀려날 수 있었다. 이후 100년 이상 이 책은 금서로 취급되었다.

소설의 탄생과 비슷한 시기에 포르노가 탄생했다는 사실은 18세기의 성 풍속도를 이해하는 데 중요한 단서를 제공한다. 포르노란 무엇인가? 어둡고 은밀한 밀실에서 행해지는 성적 유희를 재현하는 것이다. 여기서 우리가 주목해야 하는 것은 밀실이라는 '사적인 공간'이다. 서사시나 희곡이 국가의 운명과 같이 공적인 사건을 다룬다면 소설은 로빈슨 크루소나 걸리버와 같이 평범한 인물이 경험하는 사적인 사건을 다룬다. 배경이 공적인 공간에서 사적인 공간으로 이동하는 것이다. 따라서 소설은 문틈으로 침실을 몰래 엿보는 행위처럼 선정적이다.

《로빈슨 크루소》와 함께 최초의 영국 소설이라 일컬어지는 리처드슨Samuel Richardson의 서간소설 《파멜라Pamela; or Virtue Rewarded》가 있다. 이것이 서간소설, 즉 '편지'라는 사실은 매우 의미심장하다. 편지는 한 개인이 은밀한 자기만의 공간에서 마음에 숨겨진 깊은 사연을 다른 개인에게 토로하는 형식의 글이다. 다른 사람의 시선이 미치지 않는 사적 공간에서 개인은 마음껏 비밀을 털어놓을 수 있다. 이때 편지를 읽는 독자는 남의 방을 문틈으로 몰래 엿보는 처지에 놓인다. 감춰진 것이 드러나는 설정, 이것은 지극히 에로틱하다. 게다가 주인공이 아름다운 여자라면 에로티시즘은 더욱 고조된다. 어둠 속에 감춰둔 내밀한 비밀이 드러난다는 것은 겹겹이 그녀를 에워싸고 있던 옷이 벗겨지고 마침내 나제가 된다는 사실이 된다.[83] 여주인공이 옷을 다 벗는 것으로 소설은 대단원의 막을 내린다. 포르노는 사적 공간에서 서서히 드러나는 성을 전경화한 것이다. 근대의 문턱에서 사적인 공간이 등장했다.

성욕마저 노동력으로 바꾸는 시대

16세기 이후로 유럽에서는 중앙집권화가 가속화되었다. 신 중심의 중세적 전통에서 벗어나 세속의 인간을 찬양하는 시기가 르네상스였다면 16세기 이후는 유럽 사회가 근대적 국가 체계를 갖추기 위해 주민에 대한 통제를 강화하는 시대였다. 매춘의 불법화도 근대적 국가의 성립과 같은 궤도에 있었다.

세계는 지리적 발견과 함께 인구가 급격하게 늘어나면서 산업혁명의 윤곽을 서서히 드러냈다. 이렇게 팽창한 세계에 대처하기 위해 중앙집권적인 근대 국가가 필요했다.[84]

영주의 영지를 주민들이 경작해서 자급자족하는 봉건제도는 원거리 교역과 같은 새로운 상황에 적응할 수 없었다. 각자 자기의 영지에서 군림하는 봉건영주가 아니라 그들을 모두 통합함으로써 무역과 상업을 보호할 수 있는 국가가 필요했던 것이다. 이러한 시대의 조류에 맞춰 과거의 귀족들은 부르주아로 변신을 꾀했다. 특히 장자상속제도로 인해 상속 순위에서 밀려난 귀족의 자식들은 넓은 세상을 무대로 자신의 입지를 굳혀야 했다. 이들이 결국 신대륙을 발견하거나 큰 규모의 교역을 주도했다.

중앙정부에 권력이 집중되었다는 것은 과거에 영주나 귀족이 가지고 있던 권력이 왕에게 양도되었음을 의미한다. 국가가 폭력을 독점하게 된 것이다. 과거에는 눈에는 눈, 이에는 이의 법칙, 즉 복수의 법칙이 지배적이었다. 굴욕을 당한 자가 있으면 본인 혹은 가족이나 친척이 복수를 하는 식이었다. 수단의 원시부족인 누에르족의 경우 "나이 든 사람치고 곤봉이나 창으로 인한 상처가 없는 사람이 거의 없다."라고 한다. "그들에게는 피해를 호소할 공적 기관이 없으며 달리 분쟁을 해결할 수단이 없기 때문에 오로지 '용기'만이 모든 공격으로부터 자신을 지킬 수 있었다."[85]

셰익스피어의 《로미오와 줄리엣》의 세계도 처음에는 누에르족의 세계와 크게 다르지 않았다. 그러나 이 작품은 개인적 차원의 복수가 점차 국가로 이관되는 과정을 보여준다. 이탈리아 베로나에는 강력한 두 집안, 몬터규 가문과 캐풀렛 가문이 있었다. 불행하게도 양가는 철천지원수 지간이다. 사소한 일로 양가 사이에 시비가 붙고 칼싸움으로 번져 결국 한쪽이 살해되면서 비극은 시작된다.

1막에서 캐풀렛가의 티벌트가 몬터규가의 머큐시오를 살해하는 사건이 일어났는데, 현장에 있던 로미오는 직접 복수하는 것 이외에 다른 선택의 여지가 없었다. 결투에서 티벌트를 살해한 그는 베로나를 떠난다. 다른 도시는 베로나의 행정권이 미치지 않기 때문이다. 더욱이 당시에는 살인 사건도 잠시 시간이 지나면 개인적인 일로 무마될 수 있었다. 그런데 베로나의 영주는 이러한 관행을 더 이상 묵과할 수 없다고 선언한다. 복수라 할지라도 폭력의 권리는 개인이 아닌 국가에 있다는 것이다. 이 장면은 작품의 배경인 16세기에 근대적 국가가 점차 형성되고 있었다는 사실을 보여준다.

개인이 해결해야 했던 사적인 원한과 분노는 이제 국가가 개입해서 해결해야 하는 공적인 문제가 되었다. "근대사회와 중세사회의 큰 차이점 중 하나는 국가가 폭력을 독점하는 정도다."-86 물론 국가가 폭력을 독점하려면 상비군이나 경찰과 같은 공권력과 강력한 통치기구를 갖춰야 했다.

개인의 영역이었던 복수를 국가가 대신하게 되었다는 것은 일상의 법제화와 규범화를 의미한다. 과거에 교회나 연장자, 주술, 인습이 처리했던 문제들은 근대국가의 중앙정부 소관으로 귀속되기 시작했다. 이를테면 과거에 부유한 상인이 재산을 지키기 위해 고용했던 자경단이나 야경꾼이 근대에는 국가의 경찰에 의해 대체되는 식이었다.

한편 근대국가의 등장은 전문가 계층의 등장과 궤를 같이한다. 국가가 효율적으로 기능을 발휘하기 위해서는 공권력만으로는 충분하지 않다. 국가의 개입이 올바르고 정당하다고 설득되지 않으면 시민들이 자발적으로 복종하지 않기 때문이다. 말하자면 국가는 헤게모니를 장악할 필요가 있었다. 이러한 이유로 근대에 지식인 집단이 출현한다. 근대의 국왕은 전문가의 지식에 의존했던 것이다.

흥미로운 것은 근대적 성 풍속도의 변화가 전문가 집단의 출현과 맞물려 있다는 사실이다. 과거에는 교회나 연장자, 전통에 지배되었던 성적 담론이 이제는 의학의 소관으로 넘어갔다. 해부학이 대중화되면서 성은 종교의 품을 떠나 의사의 손에 쥐어졌고, 이것은 성의 세속화와

포드 매덕스 브라운,
〈로미오와 줄리엣Romeo and Juliet〉

-

연인의 사랑 이야기를 담은 《로미오와 줄리엣》은
근대국가가 막 형성되던 시대상을 보여주기도 한다.

함께 의료화가 시작되었음을 의미한다. "세월이 흘러 나중에는 정말 의사가 기독교를 떠맡게 될 게요. 사제나 신부처럼 된단 말이오."[87]

물론 이러한 변화가 한꺼번에 이루어진 것은 아니다. 18세기 말에 임상의학이 탄생하고,[88] 19세기 후반에야 성의 완전한 의료화가 이루어졌다. 현대적 의미의 종합병원Hôpital Général의 전신은 의료기관이 아니라 구빈원救貧院이나 행정기관이었다. 1656년에 파리에 세워진 종합병원도 구빈원이었다. 그리고 19세기 초반, 현대적 정신질환 치료법의 아버지로 '의학적 인간homo medicus의 귀감' 된 피넬Philippe Pinel도 자신을 과학자라기보다는 현자로 생각했다. 그때까지도 여전히 종교의 역할이 강조되었던 것이다.[89]

의료화의 과정이 진행되면서 주술적 세계관을 상징하던 갈레노스의 권위도 흔들리기 시작했다. 우리가 잘 알고 있듯이 갈레노스의 해부학적 이론은 단성성 이론으로 지극히 남성중심적이었다. 그러나 해부학이 점차 발달하면서 여성은 남성과 전혀 다른 생리 기관을 갖춘 존재라는 증거가 속출하기 시작했다. 그 결과 18세기 말에는 양성성 이론 two sex model이 단성성 이론을 대체하게 된다. 이것은 임상의학의 출범 시기와 함께하는 변화였다.

이제 성은 국가가 의료적 지식으로 관리하고 통제해야 하는 규제의 대상이 되었다. 중세의 교회는 오로지 생식만을 목적으로 하는 선한 성과 쾌락을 목적으로 하는 악한 성을 이분화한 바 있다. 종교와 의학의 차이는 무엇인가? 종교는 영혼의 구원을 목표로 하는 반면 의학은 몸의 건강을 다루는 학문이다. 즉 성이 종교의 영역에서 의학의 영역으로 넘어오면서 선악의 이분법은 건강과 비건강(질병)의 이분법으로 대체된다. 한편에 건강하고 정상적인 성이 있다면, 다른 한편에는 병적이고 비정상적인 성이 있다. 성의 생물학화biologization-90가 이루어진 것이다.

중세까지만 해도 질병으로 고통받는 환자들은 민간비법이나 무당, 마술에 의지하고 수도원이나 교회를 찾아갔다. 병원의 프랑스어 어원이 '신의 숙소hôtel-dieu'라는 사실은 시사하는 바가 크다. 신이 죄인을 벌주기 위해서 질병을 내리고 또 거두기도 한다고 생각했던 것이다. 그러나 의학은 신의 벌로 이해했던 질병을 잘못된 식습관의 결과로 바꿔놓았다.

그럼에도 프랑스혁명 전까지 평민 환자들은 의사의 전문적인 도움을 받기가 매우 어려웠다. 경제적이고 문화적인 이유였다. 당시 의사들은 상류층을 위해 봉사하는, 라틴어를 사용하던 엘리트 집단이었다. 의사가 전문 병원에서 환자를 돌보는 중산층의 직업인이 된 것은 18세기 말의 일이다.-91 이 시기에 와서야 비로소 의학적 지식은 일상으로 깊숙이 침투할 수 있었다. 이와 같이 의학의 영역이 확대되면서 19세기 후반에는 독립된 의학 분야로서 성의학이 탄생했다.

그런데 이상하게도 중앙집권화와 성의 세속화가 막 시작되는 17세기는 성적 억압의 시기였다. 근대는 왜 성을 억압해야 했던가? 하나의 가능한 설명은 봉건 제도가 해체되면서 생겨난 급격한 사회변동 때문일 것이다. 귀족의 일부는 부르주아로 변신을 꾀했으며 상업에 종사하는 사람들의 증가는 곧 부르주아의 폭발적인 증가로 이어졌다. 귀족과는 다른 부르주아의 생활방식은 남녀관계와 성생활에 변화를 가져왔다.

귀족은 명예롭게 전투에 참가하는 것 이외에는 일체의 경제적 생산에 종사하지 않는 사람들이었다. 몽테스키외가 말했듯이 자신의 가치를 이익이 아니라 '명예'로 증명하는 사람들이다. 귀족들에게 중요한 것은 무술과 완력, 전략으로, 전쟁이 없는 평화 시기에는 사자처럼 먹고 마시며 휴식을 취하는 것이 당연했다. 그러나 상공업에 종사하는 부르주아는 자신의 가치를 명예가 아니라 이윤과 소득으로 증명해야 한다. 싱클레어 루이스Sinclair Lewis는 《배빗Babbitt》에서 다음과 같이 말했다.

> 과거에 작위가 영국 귀족의 서열을 말해주었던 것처럼 자동차는 우리의 사회적 지위를 말해준다.

"자동차는 시면서 비극이고, 사랑이면서 영웅적 행동"이 되는 것이다. 자동차, 즉 재산이 자신의 지위를 말해준다면 우리는 하루 종일, 아니 일 년 365일 돈을 벌어야 한다. 이윤 추구에는 만족이라는 것도 없다. 더욱더 많은 이윤을 위해서 여가를 반납하고 일에 전력질주를 해야 한다. 그 결과 근면, 성실, 절제, 정직, 계산과 같은 미덕이 새로운 가치로 등장한다. 여기에서 무엇보다 중요한 것은 쾌락에 탐닉하지 않는 절제력이다. '푸른 피blue blood'의 귀족과 달리 특권적인 혈통을 가지지 못한 부르주아는 절제의 미덕을 통해서 자신의 가치를 생산해야 한다. 시간을 쾌락으로 소모할 것이 아니라 이익을 내는 생산에 바쳐야 한다. 성욕마저 노동력으로 바꿔야 했던 것이다.

이처럼 경제적 동기와 성적 절제는 서로 뗄 수 없는 관계에 있었다. 과거에 영지의 수입으로 살았던 귀족에게 간통은 죄악이 아니라 유희였고 아내의 정절은 절대적인 요구사항도 아니었다. 연애란 위험하면 위험할수록 좋았다.

> 무모해서 오히려 더 불같은 정열도 있는 법이요. 그런 정열은 위험 없이는 있을 수도 없지요. 어떤 시대도 흉내 낼 수 없는 정열의 시대였던 16세기에는 사랑을 하는 가장 큰

이유가 바로 그런 사랑이 갖는 위험성이었다오.-92

니체Friedrich Nietzsche가 《도덕의 계보Zur Genealogie der Moral》에서 주장했듯이 귀족에게 중요한 것은 선과 악의 이분법이 아니라 명예와 불명예였다. 귀족은 명예를 지키기 위해서는 언제라도 기꺼이 목숨을 내놓을 각오가 되어있는 만큼 자신이 진정으로 원하는 욕망의 대상에는 타협을 하지 않았다. 성적 절제는 귀족과는 거리가 먼 덕목이었다. 반면 도시의 시민계급이 장사나 사업에서 성공하기 위해서는 아내의 정숙과 내조가 필요했다. 만약 "아내가 장인들과 함께 있기를 즐기고, 남편의 부재를 이용해서 호감이 가는 장인과 음탕한 말을 주고받거나 그의 방에 살며시 들어가는 행위는 …… 곧 사업의 파산을 의미하는 것이었다. 유부녀에 대한 정절 요구가 물질적인 생존 보장을 위한 기본 조건"이었던 것이다.-93

그렇다고 시민계층이 모두 정절을 지켰다는 말은 아니다. 발자크 Honoré de Balzac의 소설 《화류계 여인의 영화와 몰락Splendeurs et misères des courtisanes》이나 에밀 졸라Émile Zola의 《나나Nana》에서 볼 수 있듯이 부유한 거대 상인이나 은행가와 같은 부르주아는 오히려 귀족의 문란한 생활을 모방했다. 그럼에도 근대에 접어들면서 정절을 강조하는 사회적인 분위기가 확산되었다는 것은 부정할 수 없다. 나중에 다시 언급하겠지만 이렇게 절제하는 성적 미덕은 19세기에 더욱 강조되고 확산된다. 돈 많은 귀족이 무절제하게 낭비했던 정액이 시민계층에게는 절약하면 돈으로 환전할 수 있는 경제적 가치를 갖게 된 것이다.

근대에 순결과 정숙이 강조된 또 하나의 이유는 양성성의 등장과 관련이 있다. 단성성의 사회에서 남자에게 여자는 두려운 존재가 아니었다. 여성은 남자와 다른 성이 아니라 남자보다 열등한 성이기 때문이다. 이미 여자의 정체를 알고 있는 것이다. 그러나 양성성은 여성을 남자와 다른 낯선 타자로 보도록 만들어 놓았다. 문제는 그 다름의 정체가 무엇인지 짐작할 수가 없다는 사실에 있다.

> 어떤 심연, 유독 치유할 수 없는 크고 깊게 열린 상처 같
> 은 것, 그것은 항상 연민과 공포를 동시에 불러일으켰다.[94]

여자의 성에 대한 두려움은 아무리 노력해도 남자가 알 수 없는, 변화무쌍하고 신비로운 존재라는 사실에서 출발한다. 인용문에서 연민과 공포는 서로 모순 관계다. 이와 같은 모순이 여성의 본질이라는 생각이다. 그래서 여자는 지극히 약하면서도 강하고, 변덕스러우면서도 한결같고, 요부 같으면서도 절개와 지조를 지키는 모순된 존재다. 그렇다면 정숙한 듯 보이는 아내는 남편의 부재중에 외도를 할 수도 있지 않은가. 순결 이데올로기가 강조된 이유가 여기에 있다. 순결 이데올로기가 강력할수록 의심과 두려움을 잠재울 수 있기 때문이다. 아내가 정숙해야 남편은 마음 놓고 일을 할 수 있는 것이다.

근대사회에서 또 한 가지 주목할 점은 사적 공간의 출현이다. 공적 공간이 지배적이었던 중세와 달리 근대에 접어들면서 사적 공간이 등장하기 시작한다. 중세의 공적 공간은 축제와 대비해 상상해볼 수 있다. 중세에 축제가 많았다는 것은 잘 알려진 사실이다. 현재 리스나 뉴올리언스에서 개최되는 마디그라 축제, 브라질의 리우 카니발이나 베네치아 카니발은 중세적 전통이 보존된 경우다. 축제가 무엇인가? 신분이나 지위 고하를 막론하고 누구나 참여하고 즐길 수 있는 공동체의 행사다.

여기저기 흩어져 살던 개인이 한자리에 모여서 먹고 마시고 춤을 추며 하나가 된다. 축제의 공간처럼 중세에는 사람들이 까다롭고 엄격하게 너와 나의 공간을 구별하지 않았다. 피로에 지친 여행객은 아무 집이나 문을 두드리고 하룻밤만 재워달라고 부탁할 수 있었다. 지금이라면 어림도 없지만, 이웃집에 주인이 없어도 자유롭게 들락날락할 수 있었다.

그런데 근대는 자유롭게 공유되었던 공간을 구획하고 사유화하고, 너와 나는 이쪽과 저쪽으로 확연하게 구분짓기 시작했다. 개인주의가 등장한 것이다. 개인주의란 무엇인가? 공동체적 관계가 사적 관계로 전환된 것을 의미한다. 이러한 변화가 성 풍습에 영향을 미치지 않았을 리 없다.

르네상스 시대에도 "사람들은 나체로 침대에 들어갔으며, 게다가 남녀를 불문하고, 연령을 불문하고 완전 알몸으로 자는 것이 보통이었다. 대부분의 경우 남편, 아내, 자식이 하인과 함께 이렇다 할 칸막이나 벽이 없는 공동의 한 침실에서 잠을 잤다."-95 "모든 사람이 오직 하나의 공간(거실)에 기거했으며, 옷을 갈아입고 요리를 준비하며 식사를 하는 등" 생리 작용을 제외한 모든 행위가 이 거실에서 이루어졌다.-96

이러한 풍습에서 근대로의 전환을 설명해주는 것 중 하나가 잠옷과 침실이다. 상대방과 몸이 닿지 않도록 하는 잠옷은 두 사람 사이를 나누는 담장이나 마찬가지다. 나의 내밀한 공간(몸)으로 침입하면 안 된다는 것이다. 침실도 마찬가지다. 근대로 접어들면서 공동의 공간은 침실, 안방, 서재 등으로 구획되고 구별되기 시작했다.-97 그중에서 침실은 나만을 위한 극히 개인적인 공간, 다른 사람으로부터 완전히 단절되고 분리되는 공간이었다. 성관계만큼 은밀한 것이 있을까? 성행위도 이제는 지극히 사적인 공간에서 행해야 하는 것이 되었다.

떠돌아다니는 자궁

고대 그리스인에게 여성의 성기는 방황하는 자궁이었다. 남자가 귀중한 정액을 선물하지 않으면 자궁은 본래의 자리를 떠나 체내를 이리저리 돌아다니면서 장기를 손상시키고 여자를 병들게 했다. 사회적으로는 여자가 결혼해서 가정을 꾸리지 않으면, 즉 남편의 도움을 받지 않으면 자기의 공간을 가질 수가 없었다. 결혼하지 않은 여자에게는 유주 자궁처럼 세상을 떠돌아다니면서 남자들을 유혹하는 매춘부의 길밖에 없었던 것이다.

이러한 고대의 신체관은 근대에 어떠한 변화를 겪을까? 여전히 여자는 결핍된 남자일까? 적어도 17세기 말까지는 그렇게 생각했다. 여성의 성기가 남성과 다른 구조라는 관념은 18세기 말이 되어서야 정착하게 된다. 양성성이 단성성을 대체한 것이다.

근대의 신체관을 이야기하기에 앞서 남녀 성기의 형태와 구조에 대해 잠깐 생각해보자. 남자는 자신과 모습이 다른 여자에게서 무엇을 보는 것일까? 이 질문은 성의 정치에서 아주 중요한 문제다. 1934년 헨리 밀러Henry Miller는《북회귀선Tropic of Cancer》에서 여성의 성기를 처음 보았던 경험을 다음과 같이 말한다.

> 여성의 성에는 엄청난 신비가 있다. 그런데 직접 보니 거기에는 아무것도 없다는 사실을 발견했다. 텅 비어있었다. 하모니카 안을 들여다봤는데 거기에 아무것도 없다면 우스꽝스러울 것이다.[98]

프로이트는 맨 처음 여성의 성기를 본 남자들은 낯설고 기괴한 느낌

unheimlich을 받는다고 말했다. 뭐가 뭔지 알 수가 없는 것이다. 엉뚱하게 들리겠지만 프로이트는 성기가 아름답지는 않지만 그럼에도 성욕을 자극한다고 주장했다. '아름답지 않다'라는 표현은 물론 신중하게 선택한 표현이다. 아름답기 위해서는 형상이 분명해야 한다. 길거나 짧거나, 넓거나 좁거나, 동그라미나 네모 등 시각적으로 윤곽이 뚜렷해야 한다. 그런데 여자의 성기는 아무리 보아도 알 수 없는 카오스라는 것이다. 그럼에도 이 불가해한 카오스가 남자를 성적으로 유혹한다.

처음 보는 것은 낯설고 이상하게 보인다. 이럴 때 우리는 그것을 이미 우리에게 친숙한 것과 비교하고 유추해서 이해하려는 경향이 있다. 기존의 지식을 가지고 미지의 세계를 정복하려고 시도하는 것이다. 여자의 성기에 대해서도 마찬가지다. 남자의 음경은 손이나 발처럼 매우 친근한 대상이다. 그래서 남자는 무의식적으로 음경의 관점에서 여자의 성기를 바라보게 된다. 자신의 성을 기준으로 타자의 성을 가늠하는 것이다. 보이지 않는 남자와의 차이를 가시화한 해부학적, 신경생리학적 발견이 없었다면 지금까지도 고대 그리스인처럼 남성중심적 관점에서 여성을 보았을 것이다.

천동설에서 지동설로의 변화처럼 사유의 패러다임이 바뀌지 않는 한 이전의 세계관을 벗어나는 것은 불가능에 가깝다. 갈레노스의 체액설을 비롯한 단성성 모델이 쉽게 바뀌지 않았던 이유가 여기에 있다. 과학의 발달에도 불구하고 주술적 사유의 패러다임이 바뀌지 않았기 때문이다. 르네상스의 해부학적 발견에도 요지부동이던 단성성 이론은 17세기 말에 근본적으로 와해되기 시작한다. 음핵이나 나팔관과 같은 해부학적 발견에 직면한 의학자들은 여성과 남성의 근본적인 차이를 인정할 수밖에 없었다. 자궁은 고환과 상응하는 기관이 아니었던 것이다. 여성의 성기는 단순한 아기집이 아니라 섬유질, 신경세포, 요도, 질, 음순 등으로 이루어진 복합 기관이었다. 이렇게 육안으로 보이지 않는 성기의 구조까지 보여주는 해부도가 등장한 것은 18세기 후반이었다.[99]

17세기를 과학혁명의 시대라고 한다. 종교적 세계관은 기계론적 세계관으로 바뀌었다. 여자가 달이라면 남자는 태양이고, 여자가 땅이라면 남자는 하늘이라고 했던 체액설은 이제 인간을 시계와 같이 취급하는 기계론에게 자리를 내주었다. 데카르트René Descartes는 인간의 몸이 신의 창조물이 아니라 기관과 신경, 피 등으로 정밀하게 만들어진 기계라고 주장했다. 뉴턴Isaac Newton은 신이 인간을 지배하는 것이 아니라 만유인력의 법칙이 인간을 지배한다는 사실을 증명했다.

여자의 신체에 대한 관점의 변화도 기계론적이며 생물학적인 관점과 맞물려 있다. 그 변화는 특히 임신과 출산을 설명하는 용어의 변화에서 잘 드러난다. 갈레노스는 씨방의 체열이 올라야만 남자의 씨앗이 태아로 발아한다고 설명했으나 16세기 이후로 임신은 생식과 재생산reproduction의 관점에서 논의되기 시작했다. 체열로 설명했던 '탄생'의 신비가 화학반응과 신경계적, 역학적 작용으로 설명할 수 있게 된 것이다. 기형아 출산도 임산부의 이상한 경험이나 죄악의 결과라는 식으로 초자연적 현상에 원인을 돌리지 않게 되었다. 온도의 변화나 화학적 차이, 신경구조 등의 역학 작용으로 해명되었다.[100] "당대의, 아니 모든 시대를 통틀어서 가장 교양이 많은 사람"이라고 평가받았던 퐁트넬Bernard de Fontenelle은 임신과 출산을 이런 비유로 설명했다. "수컷 강아지 기계와 암컷 강아지 기계를 포개놓으면 제3의 작은 기계가 생겨난다."

사실 계몽주의 시대에는 인간-기계man-machine라는 관념이 학자들의 의식을 지배했다. 라 메트리La Mettrie는 《인간기계론L'Homme-Machine》이라는 매우 독창적인 책을 썼다. 1677년에 독일의 의사 라이젤Salomon Reisel은 자신이 인조인간을 제작했다고 공언하기도 했다.

해부학과 기계론적 방법론이 도입되면서 단성성 모델은 더 이상 설 자리가 없어졌다. 이제 남녀의 차이는 양적인 차이가 아니라 질적인 차이라는 두 개의 성two-sex model 이론이 등장했다. 이러한 변화를 주도한 가장 결정적인 사건은 혈액순환의 원리를 발표한 하비William Harvey의 '난자의 발견'이었다. 1651년에 그는 인간은 물론이고 모든 생명체는 난자에서 시작된다고 주장했다. 이러한 주장을 네덜란드의 의학자 흐라프Reinier de Graaf가 더욱 발전시켜 1672년에 《여자의 생식에 관한 새로운 논문》을 출판했는데, 그것은 갈레노스의 학설을 정면으로 뒤집는 것이었다. 그는 몸속에 있는 씨앗은 정액이 아니라 여자의 난자임을 증명했다.

하비와 흐라프의 발견은 자신이 생식의 주인공이라고 믿었던 남자들에게는 굴욕적인 사건이었다. 생명의 근원인 난자가 이미 여성의 몸속에 내재하는 것이라면 남자의 역할은 2차적으로 밀려나는 것이다. 그렇지만 당시 학계를 지배하고 있던 아리스토텔레스와 갈레노스의 권위가 쉽게 무너지지는 않았다. 흐라프의 주장을 반박하는 논문들이 출판되면서 격렬한 찬반 논쟁에 휩싸였다.

가부장적인 사회에서 "생식의 모든 명예를 여자에게만 주는"-101 시도가 대대적으로 환영을 받았을 리 없다. 그런데 이와 같이 격한 논쟁은 또 다른 발견으로 인해 진정 국면에 접어든다. 네덜란드의 자연과학자 레이우엔훅Anton van Leeuwenhoek과 하트소커Nicholas Hartsoeker가 남자의 정액에서 수백만 개의 정자를 발견한 것이다. 이 발견은 정자에 육안으로 보이지 않을 정도로 크기가 작은 생명체가 있다는 극미동물설(animalcules, 축소된 인간)의 토대가 되었다. 비로소 남자도 여자와 더불어 생명 창조의 역할을 공유하게 된 것이다.

난자의 발견은 과거에 불완전한 남자로서 수동적인 역할만을 강요당했던 여성의 위상을 재고하는 계기가 되었다. 그뿐만 아니라 계몽주의 철학에 힘입어 여성에 대한 새평가가 적지 않게 이루어졌다. 낯낯 계몽주의 철학자들은 여자도 남자와 똑같이 이성적인 존재이기 때문에 시민의 자격으로 정치에 참여할 수 있다고 주장했다. 토마스 홉스Thomas Hobbes는 정치에서 성의 구분은 크게 중요하지 않다고 생각했다. 남자와 여자를 똑같이 외부에서 주어지는 자극을 느끼는 존재sentient being로 정의한 그는 여성의 열등한 위치가 자연의 섭리가 아니라 편향된 역사와 정치의 결과라고 주장했다.[102]

계몽주의 철학자 가운데 특히 콩도르세Marquis de Condorcet는 여성에 대한 차별과 불평등이 철폐되지 않으면 남자의 평등도 달성될 수 없다고 주장했다. 여기에 토크빌Alexis de Tocqueville도 한몫했다. 아메리카에서 정착민들의 생활을 연구했던 토크빌은 신대륙에서는 "남자 여자를 뚜렷하게 구분하던 (가부장적인) 경계가 사라졌다."라고 발표했다. 노동력이 부족한 신대륙에서 여성은 수동적인 존재가 아니라 남성 못지않게 적극적이고 진취적인 역할을 하고 있었던 것이다.

이와 같이 여성에 대한 새로운 인식이 확산되면서 자연 과학자들도 불완전한 존재로서 여자를 규정했던 이론을 반박하기 시작했다. 여성이 불완전하다는 주장은 창조자에 대한 모독이라거나 "자연은 무엇 하나 무익한 것을 만들지 않는다."라는 의견도 제시되었다.[103]

짐승 같은 남자, 꽃 같은 여자

양성성 이론과 맞물려 여성의 성에 대한 과거의 태도에 극적인 변화가 일어났다. 고대 그리스 이후로 2,000년 이상 지속되면서 상식이 되었던 여성의 전통적 성 역할이 전복되기 시작한 것이다. 과거에 "여자란 무엇인가?"라는 질문은 "여성이 성관계에서 적극적인가, 소극적인가?"라는 질문과 뗄 수 없는 관계를 가지고 있었다. 말하자면 "여성은 남자보다 성행위를 밝히는가?"라고 묻는 질문이었다. 그런데 근대에 들어 이러한 질문에 대한 대답에 중대한 변화가 생겼다.

아리스토텔레스나 갈레노스에 따르면 여자는 이성이 아니라 감정에 휘둘리는 존재라서 생리적으로 성행위를 갈망한다. 남자와 달리 여자는 몸이 차갑기 때문에 충분히 체열이 발생하지 않으면, 즉 오르가슴이 없으면 임신을 못 한다. 그렇다면 남편은 어떤 식으로든 아내를 흥분하도록 만들어야 했다. 이때 가장 좋은 방법은 음핵을 애무하는 것이다.

하나의 예로, 현명한 계몽군주로 명성이 높았던 마리아 테레지아Maria Theresia는 1736년에 로트링겐 공公과 결혼했지만, 몇 해가 지나도 아이가 생기지 않았다. 로트링겐 공이 해결법을 묻자 왕실 주치의가 대답했던 비결이 음핵 오르가슴이었다. 이 처방이 주효했던지 마리아 테레지아는 16명의 자녀를 출산했다. 신성로마제국의 황제가 된 요제프 2세Joseph II, 벨기에의 왕으로 즉위한 레오폴드 2세Leopold II, 그리고 프랑스혁명 때 길로틴에서 최후를 맞은 프랑스의 왕비 앙투아네트Marie Antoinette가 그녀의 자녀들이다.

성적 쾌감이 건강과 임신에 결정적인 요소라면 여자는 성에 적극적이어야 할 모든 이유를 갖춘 셈이었다. 이브도 아담을 성으로 유혹해서 선악과를 따먹게 만들지 않았던가. 고대 그리스인과 로마인은 여자의 성욕을 잘 다스릴 책임은 남자에게 있다고 믿었다. 자칫하면 남자는 여자의 무한한 성욕의 희생양이 될 수 있다고 생각했다. 일회적 사정으로 완료되는 남자와 달리 여성은 성행위에 한계가 없기 때문이다. 그래서 "여성의 성기는 모든 것을 먹어 치우고 모든 것을 소유하는"[104] 기관, 이빨 달린 질Vagina dentata이라는 말도 생겨났다.

'여성=성욕'의 등식으로 강간의 희생자인 여자가 불리한 판결을 받는 경우도 적지 않았다. 특히 강간으로 임신한 여자는 피해자로 간주되지 않았다. 오르가슴에 이르지 않으면 임신할 수가 없다고 생각했기 때문이다. 비슷한 이유로 피해자인 여자가 가해자를 고소하면 그녀가 무고한 남자에게 덤터기를 씌운다는 비난을 받기도 했다. 성에 있어서 여자가 남자보다 정열적이라고 확신했던 것이다.

이와 같이 오랜 시간 동안 유럽을 지배했던 '여성=성욕=유혹자'의 등식이 깨진 것은 18세기 말에서 19세기 중반이었다. 이것은 엄청난 반전이었다. 이성적인 남성과 달리 성욕의 용광로였던 여성이 욕망이 없는 순진무구한 존재로 재평가되기 시작한 것이다. 이것은 임신에 대한 새로운 이론 때문이었다. 필수조건이었던 오르가슴이 없어도 임신이 가능하다는 사실이 증명된 것이다. 18세기 후반에 의학계에서는 자극을 받아 사정에 이르는 과정에 관심이 집중되었다. 더불어 인공수정에 대한 관심도 증가했다. 1770년대의 유명한 실험가였던 스팔란차니Lazzaro Spallanzani는 개를 대상으로 한 실험에서 인공수정에 성공했다. 이것은 오르가슴이 임신의 필요조건이 아니라는 증거였다. 인공 수정에는 암컷과 수컷이 성적인 접촉이 없기 때문이다.

그럼에도 오르가슴과 배란의 인과관계가 확실하게 밝혀지기 위해서는 '해부의 시대'라 일컬어졌던 19세기 중반까지 기다려야 했다. 일례로

1836년에 출판된 한 의학서는 다음과 같이 임신을 설명했다.

> 질의 하단과 음핵은 굉장히 민감한 부분이다. …… 거기
> 가 자극되면 성적 쾌감을 느끼는 여자가 있다. 그러나 모
> 든 여자가 그렇지는 않다. 아무 느낌도 못 받는 여자도
> 많다.-105

19세기 산과의학의 권위자였던 프랑스의 한 의학자는 여자 중 4분의
3은 남편의 포옹을 억지로 참는다고 주장했다. 또 다른 유명한 의학자
도 "대부분의 여자는 성적인 쾌감에 대해 아예 신경을 쓰지 않는다."라
고 말했다.-106 성행위에서 여자는 기껏해야 복부에 팽만감이나 압박감
정도만을 느낀다는 것이다.-107

한편 여성의 자궁을 모든 여성 질환의 원인으로 간주했던 갈레노스
의 이론도 도전을 받기 시작했다. 근대 초기까지 '여성=히스테리'는 의
학적 상식 중 하나였다. "특히 색을 밝히고, 풍만하고, 영양 상태가 좋으
며 혈액과 정액이 풍부한 여자"가 성행위를 하지 않으면 "자궁 안에 엄
청난 양의 정액을 방출하게 되고" 그것이 부패해 끔찍한 질병이 생긴다
고 생각했다.-108

그러나 1681년에 영국의 의학자 시드넘Thomas Sydenham은 〈히스테리
론〉에서 히스테리를 여성의 예외적 질환이 아니라 남녀 양성에 공통된
질환으로 설명했다. 히스테리는 남자도 자주 걸리는 우울증과 같은 유
형의 질병이라는 것이다. 그의 이론이 당시 '히스테리=여성'의 등식을
무너뜨리기에는 역부족이었지만, 17세기 후반부터 남성의 히스테리에
대한 논의가 심심치 않게 등장했다.-109 그러다가 18세기에는 히스테리

를 도덕적 원인에 기인한 우울증으로 바라보는 이론이 힘을 얻게 되었다.[110] 19세기 후반에 샤르코Jean Martin Charcot와 프로이트가 히스테리를 여성적 질환으로 되돌려 놓았지만, 남성 히스테리가 대중적 담론의 일부가 되었던 것은 사실이다.[111]

여성이 흥분하지 않아도 임신할 수 있다는 사실의 발견은 여성성을 재고하도록 만드는 계기가 되었다. 성적인 욕구가 없어도 출산을 위한 의무감이나 남편에 대한 배려에서 관계를 맺을 수 있다는 의미이기 때문이다. 그렇다면 성적 욕망을 강조했던 여성관은 더 이상 유효하지 않게 된다. 임신이 쾌락과 무관한 것으로 증명된 이상 이제 여성은 충동적인 존재가 아니라 오히려 그러한 욕구를 통제할 수 있는 존재가 되었다. 라블레François Rabelais는 "자연은 여자 몸속의 비밀스러운 내장 안에 동물 한 마리를 숨겨놓았다. 남자에게는 그것이 없다."[112]라는 남성 우월적인 발언을 했는데, 19세기의 해부학과 신경과학은 정반대가 진리임을 증명했다. 위험한 동물은 남자인 것이다. "인간이 야수에 굴복할 것이 아니라 야수를 정복해야 한다."라는 19세기의 사회활동가이자 문필가였던 엘리스 홉킨스Ellice Hopkins의 주장도 남자를 염두에 둔 것이었다.[113] 또 헨리 제임스Henry James가 1903년에 발표한《밀림의 야수The Beast in the Jungle》에서 '야수'도 남자 주인공에게 붙여진 이름이었다.

여성에 대한 관점의 전환은 유혹자였던 여자를 희생자로 바라보도록 만들었다. 이제는 다음과 같은 새로운 논리가 성립되었다. "여성은 백합처럼 순결하다. 그러한 여자를 남성은 짐승처럼 짓밟는다." 여성은 성적 존재라기보다는 무성적無性的 존재에 가까워졌다. 어머니나 딸로서 여성의 역할은 성과 거리가 멀지 않은가. 간단히 말해서 정상적인

프랑수아 부셰,
〈오달리스크Odalisque〉
-
술탄의 성적 욕망을 채워주는 노예인 오달리스크는
프랑스에서 유럽인의 욕망을 채우는
이국적이고 에로틱한 백인 여자로 묘사되었다.

여자라면 불감증이 당연하다는 논리가 된다. 그렇다면 이 대목에서 다음과 같은 의구심이 생길 수 있다. 성을 밝히는 여자도 있지 않은가? 이러한 의문에 대해서도 의학자들은 당황하지 않고 대답할 준비가 되어 있었다. 매춘부의 존재가 대답의 열쇠였다.

파리에서 활동했던 샤틀레Alexander Parent du Châtelet는 성과학의 최초 저술로 평가되는《파리의 매춘에 대해De la Prostitution dans la Ville de Paris》에서 매춘부는 평범한 여자가 아니라 예외적으로 타락한 여자라는 결론에 도달했다. 3천 558명의 매춘부를 대상으로 연구한 그는 대부분 혼전에 순결을 잃은 여자들이 매춘부라는 직업에 종사한다는 사실을 발견하고 매춘은 성적으로 문란한 생활의 결과라고 주장했다. 본래 순결함에도 불구하고 너무 자주 성적으로 노출되면 본성이 바뀔 수 있다는 것이다. 따라서 정숙한 여성을 남성의 정욕으로부터 보호하기 위해서는 매춘부가 필요하다는 결론을 내렸다.[114]

범죄학의 창시자인 롬브로소Cesare Lombroso도 이러한 견해에 동의했다. 그는 정상적인 여자는 성욕이 없지만 남편에 대한 의무감에 잠자리를 한다고 주장하고는 진화론적 관점에서 매춘부의 존재를 설명했다. 인간은 점차 동물적 성격에서 벗어나 문명인으로 발전한다는 것이 진화론의 정상적 과정이다. 그러나 간혹 원시적 단계로 퇴행하는 사례도 발생하는데, 매춘부가 이러한 격세유전의 대표적 예라는 것이다. 불감증인 여자가 문명화된 여성이라면 성욕이 왕성한 여자는 아직 원시인의 수준에 머물러 있다고 주장했다.

앵그르Dominique Ingres가 1819년에 완성한 〈안젤리카를 구출하는 로제Roger Delivering Angelica〉라는 작품을 통해서 매춘부와 순결한 여자의 관계를 추적해볼 수가 있다. 안젤리카와 로제는 서로 사랑하는 사

도미니크 앵그르,
〈안젤리카를 구출하는 로제Roger Delivering Angelica〉
-
괴물의 입속을 창으로 찌르는 로제와 흥분한 듯 몸을 뒤트는
안젤리카의 모습으로 그림 속에 숨겨진 성적인 메시지를 읽을 수 있다.

이다. 그런데 안젤리카가 그만 해적들에게 납치를 당하고 만다. 해적들은 바다 괴물의 분노를 잠재우기 위해 희생의 제물로 그녀를 바치려 한다. 이 위기의 순간에 로제가 달려와 안젤리카를 괴물에게서 구해낸다. 그런데 불행하게도 그녀는 이미 다른 남자를 사랑하고 있었다.

앵그르는 이 이야기를 그림으로 어떻게 표현했을까? 로제는 긴 창으로 괴물의 입속을 찌르고 있다. 흥미로운 것은 이때 안젤리카가 오르가슴을 경험하는 듯한 몸짓과 표정을 짓고 있다는 점이다. 이 장면이 가진 성적인 내용은 의심할 여지가 없다. 앵그르는 왜 여성의 성기를 괴물의 입과 동일시한 것일까? 그는 이빨 달린 질을 생각하며 매춘부를 그렸는지 모른다. 이 그림을 보고서 로세티Dante Gabriel Rossetti는 두 편의 소네트를 만들었다. 그중 하나는 다음과 같다.

유연한 창대가
포효하는 입속으로 파고드니
그 뒤의 사악한 몸뚱이는 어찌할 바를 몰라 버둥댄다.
여자는 듣지도 보지도 않고 다만 알 뿐이다.[115]

그녀는 보거나 알지 않아도 좋다. 단지 오르가슴을 느끼기만 하면 되는 것이다.

매춘부를 예외로 두면서 여성의 성욕을 부정하는 의학적 담론이 확산되면서 여자들은 조신함과 정숙, 순결을 과장해야 했다. 정상적인 여자라면 성이라는 말만 들어도 얼굴이 파랗게 질리고 수치심을 느껴야 마땅했다. 또 결혼한 후에는 아무것도 느끼지 못하는 듯이 수동적으로 남편에게 몸을 맡기고 있어야 했다. 적극적으로 섹스에 임하면 유산이 된다는 의학적 소견도 있었다. 그리고 쾌락이 있다면 그것은 남편의 오르가슴에 의한 결과라고 생각했다.[116] 이제 성행위를 하는 남편이 아내를 기쁘게 해주기 위해서 노력할 이유가 사라진 것이다.

성적으로 순결한 여성상은 당시의 낭만적 분위기와도 무관하지 않다.《파우스트Faust》에서 괴테Johann Wolfgang von Goethe는 타락한 남자를 구원하는 거룩한 여성상을 제시했다. 그리고 제자인 에커만Johann Peter Eckermann과의 대화에서 "여성은 은으로 된 성배聖杯"라는 자신의 감회를 토로했다.[117] 성배는 북새통 시장에서 사용하는 술잔이 아니라 성찬식의 목적에 사용하는 신성한 잔이다. 생계를 위해 일해야 하는 남자들은 세속의 때가 묻고 불의와 타협하며 자기도 모르게 타락의 늪에 빠질 수 있다. 그러나 절망할 필요는 없다. 교회에 가서 죄를 뉘우치고 성찬에 참여하면 구원의 문이 열릴 수 있다. 여자가 바로 성찬과 같은 존재인 것이다.

19세기 중반에 활동했던 작가 사라 엘리스Sarah Ellis는《영국의 여성》에서 같은 여자들에게 정화와 구원의 사명에 동참하기를 호소했다.

> 여러분의 어깨 위에는 매우 무거운 책임이 지워져 있습니다. 아주 절박한 사명입니다. 우리나라의 도덕적 가치가 여러분의 손에 달려있기 때문입니다.[118]

그녀가 강조하는 것은 경제나 정치가 아니라 도덕적인 가치다. 사업과 정치가 남자의 영역이라면 여자의 영역은 세상에 나가지 않고 가정에 머물면서 도덕적 이상을 구현하는 것이다. 이것이 "집안의 천사"라는 이상적 여성상이다. 입센Henrik Ibsen의《인형의 집Et Dukkehjem》에서 로라는 천사의 역할에서 한 발자국도 벗어나지 않았다. 나중에 로라가 남편에게 던지는 말이 그것을 증명한다.

> 이 집에서 나는 당신의 장난감 인형 같은 존재였어요. 마치 친정에서 아버지의 아기 인형이었듯이. 그것이 우리의 결혼이었어요.

참고로 "집안의 천사The Angel in the House"라는 용어는 시인 팻모어 Coventry Patmore가 1854년에 출판한 시집의 제목이다.

여자가 집안의 천사여야 한다는 사회적 요구는 순결에 대한 강박관념으로 발전했다. 사소한 것일지라도 성적인 표현이나 행동, 의복은 금기사항이 되었다. 이성의 시선에 노출되지 않도록 옷으로 몸을 감싸고 은밀하게 숨겨야 했다. 특히 다리를 드러내는 것은 위험했다. 당시 예의범절에 관한 책에서는 숙녀라면 '다리leg'라는 말도 입에 올려서는 안 된다고 강조했다. 심지어 여학교에서는 피아노 다리에도 덮개를 씌워놓을 정도였다.[119] 이렇게 성적인 표현이 금지된 가운데 결혼을 앞둔 신부는 아주 기초적인 성교육도 받을 기회가 없었다. 생리나 사정과 같이 극히 정상적인 현상에 대해서도 지식이 전무한 상태에서 결혼을 한 여자들은 부부관계에서도 여전히 억압의 족쇄를 차고 있었다.

당대의 유명한 시인 부부였던 로버트 브라우닝Robert Browning과 엘리자베스 브라우닝Elizabeth Browning은 단 한 번도 상대의 나체를 본 적이 없다고 한다.[120] 몰리에르Moliére의 《숙녀인 체하는 젊은 여자들The Precious Young Maidens》에 등장하는 처녀들이 나누는 대화는 당시의 정서를 잘 보여준다.

결혼을 하면 우리는 침대에서 발가벗은 남자의 옆에 누워
서 잠자야 해요. 어떻게 그런 무분별한 일을 우리가 견딜
수 있겠어요?

이때 대화의 주제는 신혼 첫날밤에 치러야 하는 합방 의식이었다. 중세에는 친지와 이웃이 지켜보며 응원까지 했던 첫날밤에 대해 이처럼 예민한 반응을 보였던 것이다.

유혹자로 간주되었던 여성이 이제는 희생자로 바뀌는 현상은 문학과 미술 작품에 잘 반영되어 있다. 성경에서 아담을 유혹했던 것은 이브였으며 《일리아스》와 《오디세이아》, 《아이네이스Aeneis》에서도 유혹자는 늘 여자였다. 18세기 초, 최초의 심리소설로 꼽히는 새뮤얼 리처드슨의 《클라리사Clarissa》에서는 남녀의 관계가 완전히 역전된다.

명문가 출신에 미남이기까지 한 러브레이스는 아름답고 청순한 열여덟 살의 클라리사를 보고 첫눈에 반한다. 독자들은 신분이 낮은 클라리사가 그의 사랑을 당연히 받아들일 것이라고 예상하겠지만 리처드슨은 그 기대를 보란 듯이 좌절시킨다. 러브레이스를 사랑하지만 정숙하고 행실이 올바른 클라리사는 그의 유혹에 넘어가지 않는다. 러브레이스는 온갖 책략과 술수, 선물, 결혼 약속 등으로 그녀를 무장해제하려고 시도하지만 번번이 실패한다. 그러다가 욕망을 주체할 수 없었던 러브레이스는 클라리사에게 몰래 수면제를 먹이고 겁탈한다. 일단 처녀성이 무너지면 그 다음에는 자신의 요구에 순순히 응하리라고 계산했던 것이다. 그러나 그것은 오산이었다. 순결을 잃었다는 사실을 알게 된 클라리사는 식음을 전폐하고 아예 죽음을 각오한다.

이 이야기에서 흥미로운 사실은 목숨을 걸고 지키려 했던 처녀성의

가치다. 러브레이스의 유혹에 저항하면서 끝까지 순결을 지키는 클라리사의 모습을 서술하기 위해 저자는 천 쪽이 넘는 방대한 소설을 썼다. 리처드슨은 한 남자가 한 여자를 유혹하고 겁탈해 처녀성을 빼앗는 사건을 호메로스가 《일리아스》에서 다룬 트로이성 함락 사건보다 더 중요하게 다룬다. 그만큼 처녀의 순결은 중요했던 것이다. 이 정도면 처녀성의 신앙이라고 해도 과언이 아니다. 인상적인 것은 리처드슨이 클라리사의 겁탈 장면을 처리한 방식이다. 클라리사는 잠에 취해서 자기에게 무슨 일이 일어나는지도 모르고 겁탈을 당한다. 그녀는 끝까지 성에 대해 아무것도 모른다. 이것은 곧 클라리사의 순결을 강조하려는 작가의 의도가 드러난 장면이기도 하다.

리처드슨은 《클라리사》를 통해 '유혹자인 바람둥이와 유혹당하는 순결한 처녀'라는 설정을 보여주었다. 당시 이 작품은 엄청난 인기를 누렸는데, 독자들의 순결 이데올로기와 맞아떨어졌기 때문이다. 《클라리사》 이후 쫓는 남자와 쫓기는 여자, 짐승처럼 본능적인 남자와 교양 있는 여자 커플이 등장하는 작품들이 봇물 터지듯 쏟아졌다. 월폴Horace Walpole의 《오트란토 성The Castle of Otranto》이나 앤 래드클리프Ann Radcliffe의 《우돌포의 신비The Mysteries of Udolpho》, 메리 셸리Mary Shelley의 《프랑켄슈타인Frankenstein》과 같은 고딕 소설을 비롯해서 《지킬 박사와 하이드The Strange Case of Dr. Jekyll and Mr. Hyde》, 《드라큘라Dracula》, 《제인 에어Jane Eyre》와 같은 작품들이 그러한 유형에 속한다.

《제인 에어》의 여자 주인공은 성욕이 강하고 충동적이며 자기 절제력이 부족한 남자 주인공 로체스터에 비하면 매우 냉정하고 자제력이 강하고 이성적이다. 이 위험한 짐승을 다스리는 것은 그녀의 몫이다. 《프랑켄슈타인》이나 《드라큘라》도 마찬가지다. 남자 주인공은 이기적이

아드리앵 모로,   에드먼드 레이튼,
〈구애Courtship〉   〈구애Courtship〉

–

남자는 끓어오르는 성욕을 품고 여자를 바라보지만
여자는 꽃이나 호수 같은 자연을 바라보느라
남자의 시선을 눈치채지 못한다.

며 충동적이고 광기에 사로잡혀 있다. 이 남자들을 광기와 욕망의 수렁에서 구원하는 것이 천사 같은 여자 주인공의 역할이다. 이때 여자 주인공이 천사와 같은 역할을 수행하기 위한 절대적인 조건은 성적인 순결이다. 순결을 잃는 순간에 천사는 악마로 변신한다. 뒤마Alexandre Dumas의 《춘희La Dame aux Camélias》를 오페라화한 〈라 트라비아타La Traviata〉, 비제Georges Bizet의 〈카르멘Carmen〉, 푸치니Giacomo Puccini의 〈라 보엠La Bohème〉, 〈나비 부인Madame Butterfly〉의 여주인공들을 보라. 성에 눈을 뜬 여자의 앞에는 죽음이 기다리고 있다.

역전된 성역할은 구애 장면을 묘사하는 회화에 잘 반영되어 있다. 화가는 남녀의 시선을 최대한 활용함으로써 성역할의 차이를 극대화한다. 남자는 여자를 바라보지만 여자는 꽃이나 나무와 같은 자연을 바라본다. 여자는 남자가 자신을 바라보고 있다는 사실을 모르도록 시선이 배치되어 있다. 남자는 자신이 원하는 것(끓어오르는 성욕)이 무엇인지 분명하게 알고 있기에 자신이 원하는 것(그녀)을 바라본다. 그러나 여자는 나무나 꽃처럼 순진무구하다. 그래서 남자는 일방적으로 바라보고 여자는 일방적으로 바라봄을 당한다. 남자가 꽃을 꺾고 여자는 꺾임을 당하는 것이다.[121]

여성이 해부학적으로 남자와 다른 존재라는 사실의 발견과 남녀 성역할의 변화는 16세기에 발흥한 자본주의와 무관하지 않다. 범세계적인 교역으로 시장이 형성되면서 자본주의가 지배적인 생산 양식으로 등장했다.[122] 막스 베버가 주장했듯이 자본주의는 경제활동의 동기를 생계유지에서 이익 추구로 전환[123]시켰다. 생산의 효율성을 극대화해 보다 많은 이윤을 추구하는 것을 목표로 노동의 분업화가 고안되었다.

부부가 함께 일하던 가내공업에도 커다란 변화가 일어났다. 산업화의 결과로 집과 일터, 가정과 공장이 분리되면서 남편의 영역과 역할, 아내의 영역과 역할이 구분되었다.[124] 남자는 세상에서 치열하게 경쟁하고 필요하다면 손에 피를 묻히는 일도 하면서 가족을 부양해야 한다. 반면 가정에 머무는 여자는 남자가 외면했던 도덕적, 정서적 역할을 맡아야 한다. 사회경제학적으로 남자는 재화를 생산하고 여자는 도덕을 생산해야 했다.

성 중독자들

성적 억압과 성적 자유가 시소와 같이 번갈아서 강조되는 것이 성 풍속도의 기본 원리다. 근대 초기의 성적 억압은 상대적으로 18세기 후반에서 19세 초반의 비교적 자유로운 성적 관행을 낳았다.

17세기에 비해 18세기 중반 이후로 성은 자유로워졌다. 사생아가 급증하는 현상으로 당시의 성 풍속을 짐작할 수 있다. 18세기 이전에는 사생아의 비율이 2~3퍼센트 주변을 맴돌던 것이 18세기 중반 이후 약 1세기 동안 유럽 전역에서는 그 비율이 6퍼센트, 심한 경우 10퍼센트까지 증가했다. 사생아의 증가는 당시 젊은이들이 고향을 떠나 대도시로 이동한 현상과 밀접한 관계가 있다. 18세기 후반 약 50년 동안 영국과 프러시아의 인구가 약 100퍼센트 증가했다. 500만이었던 영국의 인구가 900만이 된 것이다. 이만큼의 인구 폭발은 역사적으로도 전례가 없는 일이었다.[125] 과거에는 출산으로 인한 인구 증가와 사망에 의한 인구 감소로 균형이 유지되거나, 눈에 보이지 않을 정도로 느린 속도의 인구 증가가 전부였다. 인구의 증감이 안정적이던 과거에는 전통적인 생활패턴을 유지하기 쉬웠다. 그런데 18세기에 접어들면서 삶의 세력이 죽음

의 세력을 이기기 시작했다.[126]

인구 폭발은 안정된 생활 기반을 크게 흔들어 놓았다. 무엇보다도 인구의 급격한 증가는 부모가 자녀들에게 물려줄 재산을 반토막 나게 만들었다. 맬서스Thomas Robert Malthus가 1798년에 《인구론An Essay on the Principle of Population》을 출간한 것은 이러한 맥락에서 이해할 수 있다. 많은 젊은이가 고향에서 부모와 더불어 굶주리지 않고 사는 것이 불가능한 현실이 되었다. 남아도는 노동력은 일자리를 찾아 도시로 몰려들게 되었다. 더구나 인클로저enclosure가 진행되면서 불필요한 농촌 인구가 도시로 이동하는 풍선효과로 도시는 더욱 비대해졌다. 런던의 경우 1563년에 9만 3천 명에 지나지 않았던 인구가 1632년에는 31만 7천 명, 18세기 말에는 86만 명으로 증가했다.[127] 반면 과거에 30~40명의 차지농업자가 경작하던 토지를 이제는 6명이 경작하는 것도 드물지 않은 일이 되었다.[128]

고향을 떠나 도시로 상경한 사람들에게 대도시는 낯선 공간이자 자유로운 공간이었다. 부모의 눈치를 볼 필요가 없는 데다가 일하지 않는 시간에는 마땅히 할 일도 없는 젊은 남녀가 자유롭게 어울려 지낼 수 있었다. 마음이 맞으면 잠자리도 같이할 수 있었다. 하지만 번듯한 집과 안정된 수입원이 없는 남자들이 결혼하는 것은 쉬운 일이 아니었다. 그래서 결혼하지 않고 동거를 하는 남녀가 증가했다. 과거에는 결혼을 전제로 하거나 결혼 이후에야 가능했던 성행위는 자연스럽게 결혼의 부담에서 벗어나게 되었다. 이것이 18세기 중반 이후 사생아가 급증한 이유다.

성 풍속의 변화는 연애결혼의 증가로 이어졌다. 지참금과 재산이 없는 남녀는 중매결혼은 꿈도 꿀 수 없었다. 연애결혼 이외에는 선택의 여

지가 없었던 것이다. 신랑 신부의 연령 차이도 점차 좁혀졌고 조혼 제도도 자취를 감추었다.[129]

한편 도시의 여성 노동자나 하녀의 열악한 처지는 성 풍속을 변화시키는 데 일조했다. 여자는 남자에 비해 임금이 형편없었다. 따라서 여자가 혼자 벌어서 생계를 유지하는 것은 불가능했다. 예를 들어 17세기에 2리브르였던 대마 셔츠의 가격은 남성 육체노동자의 4일치 임금에 해당했다. 여성 노동자의 경우에는 두말할 나위 없었다. 최악의 임금 여건에서 여자들에게 선택의 폭은 넓지 않았다. 푼돈을 마련하기 위해 몸을 팔기도 하고 아예 매춘부로 전직하는 여자도 많이 생겨났다. 당시 여자들에게 가장 흔한 직업이 하녀였는데, 토마스 하디Thomas Hardy의 《테스Tess of the D'Urbervilles》에서처럼 주인집 아들에게 처녀성을 빼앗기는 등 유혹당하는 일이 많았다. 이러한 사정도 사생아 급증에 한몫을 했다.

생리주기와 가임의 관계를 모르는 것은 물론이고 피임의 방법도 없었던 당시에 한 번의 성행위가 임신으로 이어지는 경우도 적지 않았다. 당시 한 관료는 다음과 같이 이야기했다. "남자와 여자는 모두 성적으로 너무나 문란해서 임신 경험이 없는 20대 처녀를 찾아볼 수 없을 지경이었다." 과장된 말로 들리겠지만, 유복한 집안의 여자를 제외하고 노동자와 하녀만을 대상으로 한다면 그의 진단이 아주 터무니없는 것은 아니었다. 이런 점에서 18세기 중반에서 19세기 초반을 성혁명의 시기라고 주장하는 학자들도 있다.[130]

성적 자유와 관련해서 흥미로운 사실은 18세기 후반 프랑스혁명을 전후로 성적 행동에 대해 중독을 보이는 '성 의존증 환자'라 칭할 만한 인물이 대거 출현했다는 것이다. 카사노바Giovanni Giacomo Casanova, 레티프Nicolas Edme Rétif, 사드 후작François de Sade이 대표적이다.

뛰어난 문학적, 음악적 재능에 기억력과 언변이 좋았던 카사노바는 삶의 3분의 2 이상을 전 유럽을 편력하면서 수많은 여성과 사랑을 나누는 데 썼다. 그가 여자를 유혹하는 기술은 악마와 같았다고 한다. 그는 1826년에서 1838년까지 12년에 걸쳐 자신의 경험을 담아《회상록 Histoire de Ma Vie》을 집필했다.

발레리Paul Valéry가 루소Jean Jacques Rouseau보다 위대하다고 평한 레티프는 다작하는 문필가였지만 카사노바와 마찬가지로 플레이보이로 더 유명했다. 그는《포르노 작가The Pornographer》('포르노'라는 용어가 그에게서 비롯되었다는 설도 있다.)-131를 포함해서 240권의 작품을 남겼는데, 그중 16권이 그의 방탕한 생활을 기록한 전기였다. 그의 전기에는 자신이 만났던 700명이 넘는 여자와의 연애와 파리의 밤 문화가 사실적으로 기록되어 있다.

사드 후작은 그의 이름에서 사디즘sadism이 유래했다는 사실이 말해주듯이 성도착증 환자였다. 그는 자신의 성에 매춘부를 초대하거나 소년과 소녀를 납치해서 온갖 성적 쾌락에 탐닉했다. 평범한 성행위에 만족하지 못했던 그는 구타, 고문, 결박, 동성애, 근친상간 등 성적 관행과 금기에 도전했다. 나중에 체포되어 토굴 감옥에 살았지만 그곳에서도 《규방철학La Philosophie dans le Boudoir》,《소돔의 120일Les 120 Journées de Sodome》과 같이 극히 외설적이며 전복적인 작품들을 집필했다.

VICTORIAN ERA
1837–1901

빅토리아 시대, 19세기

보노보는 시도 때도 없이
발정이 나고 난교를 한다.
아프리카의 원주민도 난잡하고 문란하다.
문명인은 짐승같이 섹스를 하면 안 된다.
우리는 정신적으로 사랑한다.

"순결을
잃은 여자는
행복할 자격이
없다."

5

《황폐한 집Bleak House》에서 찰스 디킨스Charles Dickens는 혼전 순결을 지키지 못한 여자의 삶이 얼마나 끔찍하고 비참한지 극적으로 묘사했다. 이 작품의 주인공 에스더 섬머손은 천애의 고아인데, 사건이 전개되면서 그녀가 귀부인인 데드락의 혼전 관계에서 태어난 사생아라는 사실이 밝혀진다. 그런데 여기에서 중요한 것은 혼전의 성관계가 데드락의 삶을 완전히 파괴하고 피폐하게 만들었다는 사실이다.

데드락은 불과 같은 열정을 가진 여자지만 철면피처럼 감정이 없고 냉혹할 정도로 차가운 태도로 무미건조한 삶을 산다. 결혼 전에 사생아를 낳았다는 사실이 혹시 밝혀질지도 모른다는 불안감은 그녀의 삶을 암처럼 좀먹어 들어갔다. 나중에 사실의 전모가 드러날 위기에 처하자 데드락은 집을 뛰쳐나가 자신의 신분을 감추고 거지처럼 거리를 떠돌고 결국 쓸쓸하고 비참한 최후를 맞이한다. 결혼 전에 순결을 잃었다는 사실이 그녀를 폐인으로 만든 것이다.

토마스 하디의 《테스》도 혼전 순결을 지키지 못한 여자의 불행한 운명을 다루고 있다. 가난한 가정에서 태어난 테스는 살림에 조금이라도 보탬이 되기 위해 부잣집의 하녀로 들어간다. 그런데 주인집 아들 알렉에게 처녀성을 빼앗기고 설상가상으로 사생아까지 출산하게 된다. 그녀는 엔젤 클레어라는 남자와 사랑해 결혼식을 올리지만 혼전 순결을 지키지 못했다는 죄책감에 첫날밤도 치르기 전에 그와 헤어진다. 테스가 우연히 알렉을 만나 결국 그를 살해하고는 사형당하는 것으로 소설은 결말을 맺게 된다.

빅토리아 시대는 무엇보다도 성적인 순결, 특히 여자의 순결을 강조했다. 결혼 이전에 남녀가 잠자리를 같이하는 것은 패가망신의 지름길이었고 특히 여자에게는 평생 지우지 못하는 오명이었다. 순결을 잃은 여자는 행복할 자격이 없다는 성이데올로기가 데드락과 테스를 극한으로 내몬 것이다. 이 시기에는 과거 중매결혼의 관행과 달리 결혼은 반드시 사랑의 결실이어야 한다는 생각이 지배적이었다. 그러나 혼전 성관계는 남녀가 가질 수 있는 행복과 평안, 기쁨을 한꺼번에 다 앗아가 버린다고 생각했다.

오직 낭만적 사랑

현대사회에서 결혼은 이미 과거와 같은 의미와 가치를 상실했다. 결혼의 관문을 통과하지 않더라도 당당하게 사회구성원으로서 역할을 수행할 수 있기 때문이다. 그러나 과거에는 '결혼과 어른되기'가 동전의 양면이었다. 문명사회는 물론이고 비문명사회에서도 결혼은 하나의 단절적 전환점이자 새로운 이정표였다.

고대 그리스 로마 시대에는 무절제하게 환락을 추구하고 행패를 일삼는 젊은이의 행동도 결혼하기 전이라면 가볍게 용서되었다. 중세 후반까지도 젊은이들이 떼거리로 몰려다니면서 만만한 여자가 있으면 납치해서 윤간하는 일이 자주 있었다. 이런 악행도 결혼을 하지 않은 혈기왕성한 젊은이라면 충분히 그럴 수 있다는 식으로 이해되었다. 그러나 결혼한 다음에도 여전히 그렇게 행동하는 사람은 망나니로서 경멸의 대상이 되었다. 이러한 이유로 어른 노릇이 싫은 사람들은 결혼을 최대한 연기하려 했다.

빅토르 위고Victor Hugo의 《웃는 남자L'Homme qui rit》에서 데이비드 더리모이어 경과 여공작 조시언이 그러한 커플이다. 그들은 사랑하는 사이지만 젊음이 허용하는 객기와 자유를 포기할 수 없어서 결혼을 서

두르지 않는다. 결혼은 어른으로 진입하는 하나의 의식이며 제도였던 것이다.

사랑한다고 해서 두 남녀가 반드시 결혼하는 것은 아니었다. 사랑은 결혼의 고려 대상이 아닌 경우도 많았다. 더구나 귀족이나 부르주아처럼 짊어져야 하는 사회적, 경제적 짐이 많은 사람일수록 그러했다. 결혼은 두 남녀의 개인적 관계가 아니라 두 집안, 혹은 두 왕국의 정치적 관계였던 것이다.[132] 연애결혼은 아무것도 가진 것이 없어서 책임질 것도 없는 신분이 비천하고 가난한 사람들이나 하는 일이었다. 가진 게 많은 사람은 당연히 정략결혼을 했다.

근대화가 되기 이전에는 결혼에 있어서 신랑과 신부, 특히 신부의 생각이나 의도, 감정은 아무런 구실을 하지 못했다. 여자는 인격체라기보다는 소유물이었기 때문이다. 일찍이 아버지의 소유였던 딸이 결혼과 더불어 남편의 소유로 양도된다는 인식이었다. 신랑과 신부의 나이 차이도 많았다. 고대 그리스에서 남자는 서른 살이 넘어서, 여자는 열여섯 살 전후의 나이에 결혼을 했다. 중세에는 여자는 열두 살이 최소 결혼연령이었다.

혈기왕성하게 젊음을 보내고 제법 연륜이 생긴 남자는 어린 신붓감을 골라 작품을 만들듯이 자기가 원하는 유형의 아내로 만들 수 있었다. 남편과 아내의 관계라기보다는 아버지와 딸의 관계에 가까웠던 것이다. 이러한 이유로 마음에 떨어진 사랑의 씨앗이 싹을 틔워서 자연스럽게 결혼으로 열매를 맺는 일이 과거에는 전혀 자연스러운 일이 아니었다. 부부 사이에는 사랑이 없어도 상관없다. 운이 좋으면 얼굴도 모르고 결혼했던 부부 사이에 사랑의 감정이 생길 수는 있었다.

'사랑=결혼'의 공식은 근대의 발명품이다. 결혼이 사랑이라는 지고지순한 감정과 결합되기 위해서는 근대적 개인주의의 등장을 기다려야 했다. 영어의 'individualism'의 어원인 라틴어 'individuum'은 '더 이상 쪼갤 수 없는', '떼어놓을 수 없는'이라는 의미를 가지고 있다. 그렇다면 더 이상 쪼갤 수 없는 최소의 단위는 무엇일까? 만일 결혼을 결정하는 데 있어서 반드시 부모의 동의가 있어야 한다면, 이때 결정의 단위는 당사자 개인이 아니라 가족이나 가문, 즉 우리가 된다. '나'는 아직 부모의 품에서 떼어지지 않은 '우리'의 일원인 것이다. 부모나 혈족의 권위와 상관없이 개인으로서, 또 개인의 자격으로, 자신의 감정과 의지에 따라서 판단하고 결정할 수 있는 환경에서 비로소 개인이 탄생한다.

개인은 독립적이고 자율적인 주체를 의미한다. 개인주의적 사회에서는 자식이 철부지고 미숙하다 할지라도 부모는 그(녀)의 뜻을 우선적으로 존중해야 한다. 역사적으로 개인주의는 중세의 권위에 온몸으로 도전했던 르네상스 시대에 발아하기 시작했다. 종교개혁과 계몽주의도 개인주의의 발달에 결정적인 기여를 했다. 양자는 카톨릭교회와 절대주의적 왕권이 판단하고 결정했던 양심과 신앙, 사상의 문제를 개인의 품에 안겼다. 교회나 왕이 아니라 '내가' 생각하고 '내가' 결정하는 것이다. 그래서 근대의 서곡을 울렸던 데카르트는 신이 있기 때문에 존재하는 것이 아니라 '내가' 생각하기 때문에 존재한다고 말하지 않았던가. 존재의 축이 신에서 개인에게로 옮겨온 것이다.

개인주의가 지배적인 정서로 자리를 잡기 이전에 사랑은 건전한 판단을 그르칠 수 있는 폭탄의 뇌관과 같이 위험천만한 감정이었다. 그것은 예측이 불가능하고 미리 대처할 수도 없는 우발적 감정이었다. 고대 그리스인이 사랑의 감정을 큐피드의 화살이나 미약媚藥을 빌어서 설명했던 것은 우연이 아니었다. 술에 절어 사는 디오니소스와 반대로 이성적이고 자기 절제력이 뛰어난 아폴론도 큐피드의 화살을 맞고서 발정한 짐승처럼 다프네를 쫓아가지 않았던가. 중세 최대의 연애 이야기인 《트리스탄과 이졸데》에서 트리스탄은 백부 마크왕의 신부 이졸데를 데리고 귀국하는 길에 미약을 마시고 그녀와 치명적인 사랑에 빠지지 않았던가. 인륜지대사인 결혼을 도박처럼 위험한 사랑의 감정에 맡겨놓을 수는 없는 노릇이었다.

그렇다면 언제부터 사랑이 결혼의 주인공으로 등장하기 시작했을까? 르네상스 말기에도 영혼 없는 결혼에 대한 비난이 없지는 않았지만[133] 사랑과 결혼이 하나가 되기 위해서는 오랜 세월이 지나야 했다. '사랑=결혼'의 이미지가 사람들의 마음에 각인되는 과정에서 낭만주의의 선구자인 루소가 지대한 역할을 수행했다. 그는 이성을 중시했던 계몽주의에 대한 반발로 감정을 중시하는 새로운 분위기를 조성했다. '생각하라'가 아니라 '느껴라'였다. 회백질의 두뇌가 아니라 뜨거운 가슴의 언어, 재산이나 가문, 학벌과 같은 이해타산이 아니라 심장의 고동 소리에 귀를 기울이라는 것이다.

이와 같이 감정의 중요성을 강조하면서 낭만주의자들은 악기를 비유로 즐겨 사용했다. 중요한 것은 이해가 아니라, 공명하는 두 악기와 같이 남녀가 서로 교감하고 공감하는 것이다. 둘이 하나가 되는 기적이 사랑이다. 결혼은 신성한 의무가 아니라 불꽃같은 열정의 승리여야 한다. 그러한 사랑의 모습을 루소는 《신엘로이즈Julie, Ou La Nouvelle Héloïse》에서 더할 나위 없이 감동적인 필체로 묘사했다.

감정의 시대의 개막을 알렸던 《신엘로이즈》로 인해 18세기의 유럽은 몸살을 앓았다. 《신엘로이즈》는 18세기 최고의 베스트셀러였으며, 1800년 이전에 적어도 70개의 판본이 유포될 정도로 세기말까지 사람들의 관심에서 벗어나지 않았다. 이 책을 읽고 감동한 독자들은 저자에게 구구절절 자신의 심정을 적은 팬레터를 보냈다. 출판 역사상 최초로 베스트셀러 작가가 탄생한 것이다.

과거에 마음으로 느끼고 있었지만 말로는 꼭 집어서 표현할 수 없었던 낯선 감정과 새로운 감수성을 루소는 이 소설에서 서간문의 형식을 빌려 완벽하게 표현했다. 근대가 발견한 '내면'의 목소리를 담기에 편지만큼 적절한 양식도 없다. 루소는 이제까지 이성의 둑으로 막아놓았던 감정과 열정의 댐을 무너뜨리고 인간을 감정의 홍수에 잠기도록 만들었다.

《신엘로이즈》에서 주인공 쥘리와 생 프레는 열렬히 사랑하는 사이다. 생 프레는 쥘리를 너무나 사랑한 나머지 그녀를 생각하기만 해도 숨이 막힐 지경이다. 두 사람이 첫 키스를 하는 순간은 천둥과 벼락보다 더욱 강렬한 전율의 순간으로, 그는 그만 그 자리에 쓰러져 기절하고 만다. 그러나 불행하게도 쥘리는 강제로 아버지의 친구와 중매결혼을 하게 된다.

이와 같은 연애결혼과 사랑의 이념은 이후 문학의 운명과 향방을 결정지었다. 20세기 이전의 소설은 거의 예외 없이 연애소설이라고 말해도 과언이 아닐 것이다. 괴테의 《젊은 베르테르의 슬픔Die Leiden des jungen Werthers》은 말할 것도 없고, 스탕달Stendhal의 《적과 흑Le Rouge et le noir》, 발자크Honoré de Balzac의 《골짜기의 백합Le Lys dans la vallée》, 샤토브리앙François Chateaubriand의 《르네René》, 에밀리 브론테Emily Bronte의 《폭풍의 언덕Wuthering Heights》, 샬럿 브론테Charlotte Bronte의 《제인 에어》, 제인 오스틴Jane Austen의 《오만과 편견Pride and Prejudice》 등이 연애소설의 계보를 이었다.

공감과 교감, 열정으로 엮인 사랑과 사랑에 기초한 결혼관은 서양 역사에서 일찍이 볼 수 없었던 새로운 현상이었다. 이제 남녀가 결합하는 과정에서 고려했던 재산이나 지위와 같은 현실적 요소들은 효력을 잃기 시작한다. 쥘리와 생 프레를 비롯해서 《적과 흑》의 줄리앙과 마틸다, 《제인 에어》의 로체스터와 제인 에어, 《폭풍의 언덕》의 캐서린과 히스클리프는 과거의 기준으로 보면 엄청난 신분의 차이 때문에 결혼은 물론이고, 감히 연애도 상상할 수 없는 커플이다.

그러나 이제 이해관계를 초월한 경지에서 오로지 사랑에 눈이 먼 두 영혼은 사랑할 수 있게 되었다. 부모와 혈족, 공동체, 신분, 재산은 염두에 두지 않는다. 중요한 것은 결혼이 아니라 사랑이기 때문이다. 결혼의 결과가 사랑이었던 과거의 인과관계는 사랑의 결과가 결혼이 되는 전복된 인과관계가 되었다. 이러한 이유로 19세기 이후의 연애소설은 불륜이 지배적이 된다. 결혼으로 결실을 맺지 못한 사랑이 불륜이 아니면 무엇인가.

과거에 남녀 결합의 지상명령이며 최종 목적이었던 생식과 성행위가 사랑에 의한, 사랑만을 위한 결혼에서는 부차적이 된다. 쥘리와 생 프레는 끝까지 순결을 지켰으며, 베르테르는 롯데의 손목도 잡아본 적이 없다. 그렇다면 연애결혼에서 가치의 서열은 어떻게 될까? 사랑이 가장 꼭대기이며 그 다음에 결혼, 마지막에 생식과 성행위가 있다. 이러한 위계는 성적인 타락을 예방하기 위해 결혼을 권장했던 사도 바울이나 아우구스티누스의 결혼관과도 배치되는 것이었다.

사랑이 이상화되면서 19세기에 나타난 독특한 성문화는 사랑과 섹스의 분리 그리고 그것의 자연스러운 귀결로서 성적 억압이다.[134] 사랑은 고결하고 순결한 사랑과 저속하고 육체적인 욕망으로 분리되었다. 진정한 의미에서 후자는 사랑이 아니다. 순결한 사랑이 문명화된 사랑이라면 육체적인 욕망은 원시적이며 동물적인 사랑이다. 마찬가지로 순결한 사랑이 문명의 첨단에 있는 유럽인의 개화된 사랑이라면 육체적인 욕망은 아직 무지의 미몽에서 벗어나지 못한 아프리카 흑인이나 신대륙 인디언의 정욕이다. 유럽인은 미개한 원주민만이 혼전 관계와 동성애, 오럴섹스, 집단성교, 일부다처제와 같이 난잡한 성행위에 탐닉하고 있다고 생각했다. 유럽인은 흑인이나 아프리카의 원주민을 아직 인간으로 진화하지 못한 원숭이와 비교하기 좋아했다.

교양을 갖춘 유럽인은 동물적인 충동에 휘둘리지 않아야 했다. 정상적인 사람이라면 이성애적이어야 하며 혼전에는 순결해야 하고, 부부 사이가 아니라면 성관계를 맺지 않아야 한다. 이러한 도덕적 명령이 유럽인을 유럽인으로 만드는 문명의 혜택이라고 생각했다.[135] 유럽인을 문명화한다는 명목으로 생겨난 성적 억압의 풍조는 20세기 초반, 심지어 20세기 중반까지도 유럽을 지배했다. 1960년대 후반에 성혁명이 일어나기 전까지 결혼하지 않은 딸을 남자 친구와 한방에 있게 하는 부모는 "뚜쟁이로서 처벌"을 받을 정도였다.[136]

19세기의 성적 억압은 문명화된 유럽인의 정체성과 뗄 수 없는 관계에 있다. 우선 16세기 신대륙 발견으로 시작되어 19세기 중반까지 맹위를 떨쳤던 식민주의와 제국주의를 성적 억압의 첫 번째 요인으로 들 수 있다. 르네상스 이후 영국을 필두로 유럽의 열강들은 경쟁적으로 세계의 영토를 식민지로 편입하고 지배했다. 세계의 지형이 식민지배자와 피식민자, 지배하는 유럽인과 지배를 당하는 비유럽인으로 나뉘게 된 것이다. 식민지배자는 식민지를 통치하고 자국의 경제적 이익을 최대한 확보하기 위해 관료와 기술자, 상인을 현지에 파견했다. 그러나 수적으로 우세한 피식민자를 무력으로만 지배하는 것이 불가능했다. 자발적인 복종을 유도하기 위해서는 인종주의적 이데올로기가 필요했다. 지적으로 미숙한 원주민은 유럽의 보호와 지배를 필요로 한다는 식의 이데올로기였다.

피식민자, 즉 원주민들이 자기 자신이 누구인지 모르고 충동에 따라 움직이는 어린아이와 같다면 유럽은 성숙한 어른으로서 그들을 보살피고 지도해줄 책임, 키플링Rudyard Kipling이 말한 바 '백인의 의무White Man's Burden'가 있다는 것이다. 이때 유럽인이 원주민에게 우열의 차이로 보여주었던 지표 중 하나가 자기 절제였다. 성기의 접촉밖에 모르는 원주민과 달리 유럽인은 사랑을 육체적 욕망에서 벗어난 정신적인 차원으로 승화시킬 수 있다는 것이다.

성적 억압의 또 다른 요인은 프랑스혁명 이후 귀족을 밀어내고 지배세력으로 부상한 시민계급이다. 자본가와 상인, 기업가로서 경제적 입지를 다진 부르주아는 도덕적으로도 자신이 귀족보다 우월하다는 사실을 증명할 필요가 있었다. 그들의 눈에 귀족은 혼외정사나 동성애, 성매매와 같은 성적인 일탈을 일삼고 방탕하며 호화롭고 타락한 생활을 하고 있었다.

일하지 않고 먹고사는 귀족들은 간통이나 연애를 일종의 특권처럼 향유하지 않았던가. 모차르트Wolfang Amadeus Mozart의 〈돈 조반니Don Giovanni〉에서 플레이보이로 유명한 주인공은 시민계층이 아니라 귀족이었다. 귀족이 성적 부도덕과 동일시되는 상황에서 시민계층이 자신을 최대한 차별화할 수 있는 미덕이 성적 순결이었다. 귀족이 돈 후안Don Juan처럼 문란하다면 시민계층은 순결하다. 귀족이 혼외정사를 일삼고 쾌락주의적이고 탐닉만 추구한다면, 시민계층은 아내에게만 충실하고 절제력이 강하다. 적자라는 혈통으로 작위를 물려받는 귀족과 달리 시민계층은 행동으로 자신을 증명해야 했다. 성적인 순결과 도덕성을 트레이드마크로 삼았던 것이다. 이러한 이유로 푸코Michel Foucault는 "부르주아의 피는 섹스였다."라고 말했다.[137] 귀족의 특권을 가리키는 푸른 피blue blood를 가지지 못한 부르주아는 순결한 섹스를 통해 자신의 결핍을 보완하고 싶어 했던 것이다.

미개한 원주민과 타락한 귀족으로부터 자신을 차별화하기 위해 혼전 순결과 스위트홈, 도덕성을 이상으로 삼았던 시민계층은 행동으로 그런 미덕을 보여주어야 했다. 진정한 신사는 점잖고 예의 바르며 겸손하고 말수가 적고 책임감이 강해야 했다. 정절과 예의범절, 겸허, 신중함[138]을 강조하는 가치관은 1837년에 왕위에 올라 1901년까지 장기간 통치했던 빅토리아 여왕에 의해 더욱 강화되었다. '빅토리아조의 도덕'이라는 용어가 생겨날 정도였다. 그녀는 남편 앨버트 공에게 완벽한 아내였으며, 아홉 자녀의 훌륭한 어머니였고, '유럽의 마님'으로 불릴 정도로 흠잡을 데 없는 권위와 품위의 귀감이었다.

산업혁명으로 경제력을 장악한 부르주아들은 '스위트홈'을 꿈꾸었다. 능력 있는 남편과 순종적인 아내, 귀엽고 말 잘 듣는 아이들, 그리고 이들을 시중드는 하인들. 겉보기에 부르주아 가정은 매우 단란해 보였다. 《인형의 집》의 주인공 노라도 전형적인 부르주아 가정의 아내였다. 그런데 노라는 가정에서 자신의 가치가 장식용 인형 이상이 아니라는 사실을 깨닫고 집을 나간다. 남편에게 무작정 종속된 아내가 아닌 자신의 참모습을 찾으려 한 것이다.

한편 노동자 가정의 아내들은 더욱 힘든 처지에 놓여 있었다. 이들은 돈을 벌기 위해 공장에 나가야 했을 뿐만 아니라, 집에 오면 가정 살림도 도맡아야 했다. 집은 비좁고 지저분했다. 울고 보채는 아이들을 돌볼 충분한 시간과 여력이 없었다. 집 밖에서 힘들게 물을 길어 와 간신히 식사 준비를 하지만 먹을 것은 늘 부족했다. 남편이 폭력을 행사해도 달리 해결할 방법이 없었다. 이들에게는 자신의 참모습을 찾아 나선 노라가 매우 사치스럽게 여겨졌을 것이다.

중류층의 삶은 대부분의 영국인이 공유하던 이상이었다. 당시 영국은 세계에서 가장 산업화된 국가로서 경제적 번영을 구가하고 있었다. 특히 런던은 세계의 수도로서 자부심을 가지고 있었다. 시골에서 런던으로 막 상경한 가난한 서민들도 노력만 하면 중류층의 대열에 합류할 수 있다는 낙천적인 생각을 가지고 있었다. 그래서 객관적으로는 중류층에 다가설 수 없어 보이는 노동자 계층도 중류층의 이상적인 삶을 꿈꾸었다. 현재 중류층이거나 미래에 중류층이 될 사람이라면 누구나 성적 본능과 충동을 최대한 억제하는 자기 절제의 미덕을 보여줘야 했다. 그렇지 않으면 문명화까지 너무도 요원한 피식민지의 주민으로 간주될 위험이 있었다.

그러나 문명의 최첨단에 서 있는 영국인이라도 공식적 이미지에 어긋나지 않는 신사의 삶을 사는 것은 쉽지 않았다. 세계의 수도임에도 불구하고 런던에는 슬럼가가 즐비했으며 르네상스 시대의 베니스처럼 사창가가 번성했고, 알코올에 절어서 하루하루를 사는 사람들도 적지 않았다. 정신병원에 수감되는 환자의 숫자도 급속하게 증가했다. 자칫 방

윌리엄 호가스,
〈진 거리Gin Lane〉

-

알코올, 특히 진에 중독된 슬럼가의 사람들은
런던의 골칫거리 중 하나였다.
술에 취해 아기를 떨어뜨리는 충격적인 여인의 모습은
진 거리의 실상이었다.

심하면 존경받는 신사가 아니라 슬럼가나 정신병원의 폐인으로 추락할 위험이 곳곳에 도사리고 있었다.

이러한 위험은 진화론을 바탕으로 설명할 수 있었다. 1859년《종의 기원On the Origin of Species》의 출판과 더불어 진화론이 저잣거리로 확산되더니, 인종과 인간의 다양성을 설명하는 주도적인 패러다임이 되었다. 인간은 밀림의 침팬지에서 출발해서 끊임없는 진화의 경주를 벌인 끝에 드디어 지금과 같이 자랑스러운 영국인이 된 것이다. 본능적인 동물에서 이성적인 인간으로 진화한 것이다. 그러나 긴장을 풀고 안심할 수는 없다. 진화론은 격세유전과 퇴행의 위험에 대해 경종을 울렸기 때문이다. 당시 과학자들은 흑인, 정신병자, 알코올 중독자, 범죄자, 창녀가 격세유전의 단적인 예라고 설명했다. 범죄자는 문명화된 사회에 태어난 침팬지다.

이와 같이 진화론과 결합된 문명화의 과정은 19세기 후반의 신문들이 소재로 즐겨 삼았던 원숭이 캐리커처에서 정점에 이른다. 외모가 원숭이에 가깝고, 지적으로도 원숭이의 본능에서 충분히 벗어나지 못한 사람은 흑인으로 간주되었다. 아마 고대 그리스였다면 여성과 원숭이의 유사성을 찾기에 혈안이 되었을 것이다. 아무튼 아프리카의 열대성 기후가 흑인을 정신적 발전은 도외시하고 성적 쾌락에만 탐닉하는 음탕한 동물로 만들었다고 생각했다. 유럽인에 비하면 흑인의 2차 성징은 지나치게 발달하지 않았는가.

당시 서커스단의 동물처럼 도시마다 끌려다니면서 대중 앞에 전시되었던 '호텐토트Hottentot 비너스'(아프리카 남부의 코코이족Khoikhoi 여성을 비하하는 단어)가 그 증거였다. 그녀의 엉덩이는 황소의 엉덩이처럼 비대하며 가슴에는 유방이 두 개의 수박덩이처럼 거추장스럽게 매달려 있다.

그녀의 지나치게 커다란 음순과 음핵은 의학자들의 열띤 호기심과 논쟁의 대상이 되었다. 당시 성기의 비정상적인 크기를 설명하는 이론 중 하나가 지나친 자위였다. 자위를 지나치게 많이 하면 성기가 그렇게 커질 수 있다는 것이다.

낭만적 사랑을 이상으로 삼았던 유럽인의 눈에 흑인의 존재는 정반대의 극단으로 보였다. 유럽인이 살아있는 정신이라면 흑인은 걸어다니는 성기라고 생각했다. 유럽인은 흑인에게서 사람을 본 것이 아니라 성, 그것도 흥분한 성을 보았던 것이다. 나중에 파농Frantz Fanon이 《검은 피부, 하얀 가면Peau Noire, Masques Blancs》에서 적절히 지적했듯이 거리에서 흑인을 본 백인 여자는 강간을 당할 것이라는 두려움에 사로잡혔다고 한다. 정도의 차이가 있기는 하지만 유럽인에게는 아시아인을 비롯한 비유럽인 모두가 지나치게 성에 탐닉하는 존재로 보였다. 유럽인은 그와 같이 충동적으로 행동하는 비유럽인으로부터 거리를 유지해야 했다. 그리고 "도덕적 힘으로 동물성을 순화하고 정화해 모든 것을 이성에 의해 인도하는 것"을 유럽인의 의무로 삼았다.

홀로 저지르는 탐닉

19세기의 유럽인은 성에 대한 공포에 사로잡혀 있었다. 사랑은 아름답고 인간적이지만 성행위는 지극히 위험하고 발정한 동물을 상기시키는 상스러운 것이었다. 문명인의 지고한 사랑이 원시적인 성행위로 퇴행할 수 있다는 경고는 그들의 간담을 서늘하게 만들었다. 더욱이 당시 기승을 부리던 성병과 신경증은 유럽인의 공포를 부채질했다. 성은 의학자의 전문 영역으로 간주되었다. 이제 성은 선과 악이 아니라 건강과 질병의 문제가 되었다. 의학자들의 정상적인 성과 비정상적인 성에 관한 연구가 활기를 띠었다. 과거에 선과 악의 차원에서 논의되었던 성이 이제는 정상과 비정상의 범주로 구분되기 시작한 것이다.

19세기 후반 성과학이 등장하기 전까지는 성의 정상과 비정상을 구분하는 기준은 이데올로기와 직결되었다. 가장 중요한 것은 사랑이고 결혼은 사랑의 자연스러운 열매다. 성행위는 쾌락이 아니라 결혼의 목적으로서 번식을 위한 것이다. 그렇다면 결혼 뒤에 번식을 목적으로 하는 성행위는 정상과 비정상을 구분하는 시금석이 된다. 19세기의 의학자들은 번식을 목적으로 하지 않는 성행위는 비정상이며 건강에 해롭다는 사실을 밝히기 위해 혼신의 노력을 기울였다. 이때 비정상으로 분류된 성행위가 자위와 동성애, 매춘이라는 사실은 그리 놀랍지 않다. 오히려 놀라운 것은 그것이 도덕적인 지탄의 대상이 아니라 질병이나 정신병의 원인으로 지목되었다는 것이다.

19세기는 자위에 대한 공포의 시대이자 소년의 성을 발견한 시대이기도 하다. 자위는 이름도 다양하게 '홀로 저지르는 죄악', '홀로 저지르는 탐닉', '비밀스러운 죄' 등으로 불렸다. 일찍이 자위를 하지 않았던 시대는 없었다. 고대 그리스에서 자위는 마땅한 상대가 없을 때 욕구를 해소하는 방법 중 하나였다.

디오게네스에 대한 다음과 같은 일화도 전해온다. 백주 대낮에 자위를 하는 그를 보고 사람들이 핀잔을 주자 그가 대답한다.

배가 고플 때 배를 문지르는 것으로 허기를 채울 수 있다면 얼마나 좋겠는가? 자위도 그런 방법이 아닌가?

로마 시대에는 군인들이 연병장에 앉아서 단체로 자위행위를 하기도 했으며, 피임을 모르던 시대에는 자위가 임신을 피하기 위한 한 방편이기도 했다. 10년간 일기에 당시 풍속을 기록한 피프스Samuel Pepys는 삽입하지 않고서 하녀에게 자위를 하도록 시켰다고 한다.

근대로 접어들면서 자위는 새로운 국면을 맞이한다. 과거에 여러 사람이 함께 생활했던 공동의 공간이 서재와 곁방, 서가와 같이 사적인 공간으로 분화되면서[139] 개인에게 자기만의 공간이 주어지기 시작했다. 그러면서 자위는 어둠 속 혼자만의 은밀한 공간에서 행해지는 쾌락의 행위가 되었다. 그런데 자위가 아무도 보지 않는 공간으로 숨어들자 반대로 감시의 시선이 생기게 되었다.

의학용어 자위onanism의 어원은 구약성서의 오난이라는 인물에서 유래한다. 고대의 유대인은 가문의 대를 잇기 위해 형사취수兄死娶嫂제라는 제도를 따랐는데, 부친의 명에 따라서 오난도 형수와 잠자리를 같이하게 된다. 그런데 오난은 절정에 이른 순간 그녀의 질 안이 아니라 땅바닥에 사정해 버렸다. 고유명사인 오난이 자위행위로 보통명사가 된 것은 존 마튼John Marten의 《오나니아Onania: or, the heinous sins of self-pollution》와 티소Tissot의 《자위L'onanisme》에 기인한다. 티소는 자위가 우울증, 강경증과 같은 신경질환 및 장기 질환의 원인이 된다고 주장했다. "자위로 배출되는 1온스29.6cc의 정액은 40온스의 혈액과 같고, 결핵, 임질, 간질뿐 아니라 자살이나 정신병까지 일으킬 수 있다."[140]라는 주장은 자기절제를 중시하던 시대적 분위기와 맞물려 커다란 반향을 일으켰다. 그 뒤로 자위의 위험을 강조하는 책들이 유럽 각지에서 출간되었다.

의학자들은 다음의 이유로 자위가 그것을 즐기는 사람에게 정신적,

육체적 피해를 준다고 주장했다. 우선 과도하게 정액을 방출하면 신체 활력의 균형이 깨지고 몸이 쇠약해지며, 결과적으로 발기부전이나 신경쇠약, 기억력 감퇴와 같은 질병에 걸린다는 것이다. 의사들은 특히 성기에서 저절로 시도 때도 없이 정액이 사정되고, 심하면 정신이 망가지는 정액루spermatorrhea의 위험이 가장 크다고 보았다.[141] 또 하나의 위험은 과도한 성적 환상과 그것에 수반하는 정신병이다. 자위를 자주 하게 되면 성적 쾌감에 대한 상상이 머릿속을 가득 채우게 되면서 자위성 정신병masturbatory insanity에 걸리거나 섹스매니아, 색정광erotomania이 된다는 것이다.

자위는 육체적이고 정신적인 질환이 되었다. 당시 자위라는 말을 대신해서 사용되었던 단어가 자학self abuse이나 자기 부패self corruption였다. 자위가 정신병을 유발한다는 관념은 몇몇 의학자의 주장이 아니라 당시의 일반적인 상식이었다. 특히 성에 막 눈을 뜨기 시작하는 아동에게는 자위의 위험성을 반복적으로 교육시켰다. 과거에는 순진한 어린이로 간주되었던 소년들이 사실 성욕을 가지고 있다는 것을 성인들이 의식하면서 자위 금지 캠페인을 벌이게 된 것이다.[142]

이것은 쾌락이나 자유보다는 엄격함과 진지함, 예의범절을 중시하는 당시의 도덕적 규범과 잘 맞아떨어지는 방향이었기 때문에 학교와 가정으로도 널리 확산될 수 있었다. 아이를 엄격하게 통제하지 않고 자유롭게 방치한다는 것은 중류층 부모에게는 상상도 할 수 없는 일이 되었다. 취침 시간과 기상 시간을 엄격하게 지키도록 하고 올바른 자세가 몸에 익도록 훈련을 시켰다. 그리고 아이에게 혹시 있을지도 모르는 사소한 나쁜 성향이나 충동도 발본색원되어야 했다. 손가락으로 성기를 만지작거리는 것과 같은 쾌락도 절대로 허용되어서는 안 되었다. 이제 사춘기 이전의 아이들은 특별한 교육과 관리, 배려의 대상이 되었다.

하지만 부모나 교사가 아동을 24시간 동안 옆에서 감시할 수는 없는 일이었다. 감시의 부재를 틈타서 자위하는 것을 방지하기 위해 온갖 방법이 동원되었다. 부모는 습관적으로 성기를 만지작거리는 자녀의 손을 밤새 침대 기둥에 묶어놓거나, 성기에 자위방지용 기구를 부착하기도 했다. 성적으로 혈기가 왕성한 젊은이는 더욱 자위의 위험과 유혹으로부터 자기 몸을 지켜야 했다. 성기에 얼음을 대서 욕망을 억누르거나 허벅지에 코르크 쿠션을 사용하는 방법도 있었다. 앨버트 왕자Prince Albert는 성기에 피어싱을 하기도 했다. 또 자극적이지 않고 향신료가 없는 담백한 음식이 성욕을 억제하는 방법이라고 믿었다. 우리가 아침식사 대용으로 먹는 콘플레이크도 원래는 자위를 방지하기 위한 식이요법이었다. 켈로그John Harvey Kellogg 박사는 옥수수를 으깬 콘플레이크가 정자를 만드는 단백질 섭취를 줄여서 자위를 방지하는 효과가 있다고 생각했다. 여자의 경우에는 자위를 억제하기 위한 정조대chastity belt를 착용하기도 하고, 심지어 음핵 절개를 시행하기도 했다.

현대 의학이 만병의 원인을 스트레스로 돌리듯이 19세기의 의학자들은 만병의 원인으로 자위를 꼽았다. 의학적 담론은 자위에 대한 협박성 멘트와 같았다. 이러한 이유로 19세기에 대부분의 사람은 남몰래 즐겼던 자위행위에 대한 두려움과 죄책감에 사로잡혀 살아야 했다. 프로이트도 여성의 신경증 원인을 자위에 대한 죄책감에서 찾았다는 것은 잘 알려진 사실이다. 아주 작은 티끌도 대들보처럼 크게 보이게 만드는 것이 죄책감이다. 당시 사람들은 두통이나 의욕상실, 심지어 감기가 걸려도 그것이 자위에 대한 벌이라고 생각했으며, 나중에 결혼을 하면 정상적인 성생활을 하지 못할 것이라는 공포에 사로잡히기도 했다.

감히 사랑이라 불릴 수 없는 사랑

1895년 오스카 와일드Oscar Wilde가 법정에서 "감히 사랑이라는 이름으로 불릴 수 없는 사랑"이라 표현한 것이 바로 동성애였다. 자위 포비아와 더불어 동성애에 대한 공포의 회오리바람이 19세기 유럽을 휩쓸었다. 동성애가 이토록 광범위하게 대중의 의식을 지배했던 적은 역사상 유례가 없는 일이었다.[143] 동성애라는 죄목으로 법정에 선 오스카 와일드의 재판이 세기적인 사건이 된 것도 그만큼 동성애가 대중적으로 공론화되어 있었다는 증거다. 당시 유럽의 신문기자들은 벌떼처럼 법정으로 몰려들었으며, 일반인도 열광적인 관심과 호기심으로 사건의 추이를 지켜보았다.

19세기만큼 심각한 사회적 이슈로 취급되지는 않았지만 중세 이후로 동성애는 계속해서 강력한 탄압과 처벌, 혹은 두려움의 대상이었다. 중세에 동성애자는 자연의 이치에 반하는 사악한 자로서 강간범보다 무거운 처벌을 받았다. 팔을 절단당하거나 추방, 심지어 화형을 당하기도 했다. 동성애를 죄악으로 바라보는 종교적 전통은 17세기와 18세기는 물론이고 19세기까지 이어졌다. 18세기 초에는 네덜란드에서 동성애자 250명이 체포되고, 그 가운데 91명은 추방, 60명은 사형을 선고받는 사건이 있었다.

과거에 비하면 19세기의 동성애에 대한 처벌은 가벼운 편이었다. 프러시아는 1794년에 유럽에서 처음으로 동성애를 비범죄화했으며, 공리주의자 제러미 벤담Jeremy Bentham도 그것을 범죄의 목록에서 삭제해야 한다고 주장했다. 1835년 이후 영국에서는 동성애자를 처벌한 적이 없었다.

그렇다면 19세기는 중세 이후 과거의 어느 때보다도 동성애에 대해 관대했다고 말해야 옳지 않은가. 그런데 이 시기의 동성애가 중요한 이유는 처벌이나 형량에 있는 것이 아니다. 동성애가 자위와 마찬가지로 당시의 공적 담론을 장악했다는 사실에 있다. 동성애를 바라보고 설명하는 방식에 근본적인 변화가 일어난 것이다. 과거에는 자연에 반하는 비도덕적인 행위로 취급되었던 동성애가 전혀 다른 담론의 맥락에 편입되었다. 말하자면 종교적 궤도에서 의학적, 사회적, 문명사적 궤도로 이동한 것이다.

당시 동성애를 정의하는 방식은 진화론적 문명사관이었다. 허버트 스펜서Herbert Spencer에 의하면 문명화 과정은 미분화에서 분화, 단순에서 복합, 무차별에서 차별화를 향해 진행된다. 원시인이 손으로 음식을 집어먹는다면 문명인은 포크와 나이프를 사용하며, 원시인이 한방에서 식사하고 잠도 자며 성생활도 한다면 문명인은 용도와 목적에 따라서 거실과 침실, 식당 등으로 구분된 공간을 가지고 있다.

성행위도 예외가 아니다. 원시인은 상대가 남자가 여자든 동물이든 가리지 않고 성에 탐닉하는 반면에 문명인은 법적으로 결혼을 서약하고 부부가 된 남녀만이 잠자리를 같이한다. 남자와 남자의 동성애는 그러한 문명의 발전에 역행하는 퇴행적 행위로 비쳤다. 그리고 의학자들은 정상적인 사람 중에는 동성애자가 없다는 (잘못된) 사실을 근거로 내세우면서, 그것은 정신이상의 증상이라고 설명했다. 동성애가 두뇌의 이상에서 비롯된다거나 동성애자의 얼굴은 정상인과 현저하게 다르다는 주장도 제시되었다. 특히 항문성교를 선호하기 때문에 그들의 성기와 항문은 괴물처럼 끔찍한 모습으로 변형된다고 주장하는 사람도 적지 않았다. 이런 믿음 때문에 동성애자 여부를 확인하기 위해 학생의 항문을 검사하는 학교도 있었다.

동성애가 일반인의 불안을 자극하고 사회적 이슈로 떠오른 가운데 동성애자가 주인공으로 등장하는 소설도 나왔다. 동성애를 테마로 하는 소설의 원조격이라 할 수 있는 작품이 발자크의 친구가 1829년에 쓴 《프라골타Fragoletta》다. 그리고 그 다음 해에 발자크가 유명한 《사라진느Sarrasine》를, 고티에Théophile Gautier가 《모팽 양Mademoiselle de Maupin》을 발표했다.

《사라진느》에서 사라진느는 전도유망한 프랑스의 조각가로 미술전에서 입상을 한 후에 로마를 방문했는데, 오페라 극장에서 프리마돈나인 잠비넬라의 공연을 보고 그녀와 사랑에 빠진다. 그는 그녀에게서 지금까지 찾아 헤매던, 고대 그리스의 조각에서나 볼 수 있었던 진정한 아름다움을 발견한다. 그는 그녀의 모든 공연을 찾아다니면서 그녀의 모습을 찰흙에 담아 조각으로 만든다. 사랑의 열정으로 괴로워하던 그는 작심하고 그녀를 만나 사랑을 고백하지만 그녀는 그를 거부한다. 몸이 단 사라진느가 그녀를 납치하려는 계획을 짜고 실행에 옮기려는 찰나 놀랍게도 그녀가 카스트라토castrato라는 사실을 알게 된다. 분노와 배신감에 사라진느는 잠비넬라를 살해하려고 하지만, 오히려 잠비넬라 일행에게 살해당한다.

소설에 등장하는 동성애자, 혹은 남장 여자, 혹은 여장 남자의 이미지는 일반인이 동성애자에 대해서 갖고 있는 이미지와 같은 것은 아니었다. 일반 대중은 동성애자를 사회적 무질서와 불만, 혼란의 원인으로 지목하고 비난했다. 19세기 말에 오스카 와일드가 동성애자라는 사실이 폭로되면서 사회에서 매장되었던 것은 당시 대중의 동성애에 대한 혐오감을 반영하는 것이다. 《인어공주》의 작가 안데르센Hans Christian Andersen도 동성애자였지만 평생 그 사실을 숨기고 살았다고 한다.

1870년에 동성애는 '호모섹슈얼homosexual'이라는 이름으로 처음 불리게 되었다. 웨스트팔Carl Friedrich Otto Westphal이 1870년에 발표한 논문 〈성적 감정에 반하여Contrary Sexual feeling〉에서 처음으로 '호모섹슈얼'이라는 용어가 사용된 이후, 곧 일반인의 입에 오르내리게 되었다. 강간이나 자위와 마찬가지로 넓은 의미에서 부도덕한 성행위로 간주되었던 동성애가 다른 것과 구별되는 고유한 이름을 갖게 된 것이다.

이후 동성애와 대립되는 개념으로서 이성애heterosexuality라는 용어가 1880년에 등장했다. 이성애라는 용어가 등장했다는 사실은 성의 역사에서 매우 중요한 의미를 갖는다. 이성애가 절대적으로 올바른 성행위라면 구태여 동성애와 대립되는 범주로서 이성애라는 말을 사용할 필요가 없을 것이다. '이성애'라는 용어가 입에 오르는 순간 이성애는 상대화, 즉 다양한 성행위 중 하나가 된 것이다. 1897년 영국에서 동성애에 대한 최초의 의학서 《성도착Sexual inversion》을 저술한 엘리스Havelock Ellis는 동성애를 정신질환이나 퇴화가 아니라 다양한 성적 유형의 하나로 취급했다.

눈을 감고 아베마리아를 외치다

언뜻 보기에 19세기는 예의 바른 신사와 순진한 숙녀의 시대처럼 보인다. 그런데 한 가지 의문이 든다. 과연 여자는 생리적으로 성에 무감각한 것일까? 당시 상당수의 여자가 불감증 환자였다는 사실을 무감각의 증거라고 할 수 있을까? 여성의 유별난 성적 수치심과 혐오감은 본능일까? 19세기는 '순진한 숙녀 되기'를 가르치는 소책자의 황금시대였다. [144]

1850년에 출간한 디킨스의 소설 《데이비드 코퍼필드David Copperfield》

에 등장하는 여주인공 도라는 순진한 여성의 전형이었다. 그녀는 심지어 굴을 먹으려면 껍질을 열어야 한다는 사실도 몰랐다. 여기에서 굴을 먹는 법에 대한 무지는 성행위와 성적 쾌락에 대한 무지라고 해석할 수 있다. 숙녀라면 오르가슴을 몰라야 하며, 남편과의 성관계는 자발적인 것이 아니라 의무적인 행위여야 한다.

당시 여성의 성적 무지에는 의학도 한몫을 했다. 프랑스의 유명한 의사 메이어Alexandre Mayer는 여자는 섹스를 본질적으로 혐오한다고 주장했다.[145] 빅토리아 여왕은 그러한 여자들을 염두에 두고서, 대영제국의 무궁한 영광과 발전을 위해 그것을 참고 견디는 것이 애국이라고 말했다. 섹스는 "눈을 감고 아베마리아를 외치는 것 말고는 아무것도 할 수 없는 그런 순간"[146]인 것이다. 1890년 《크로이체르 소나타Kreytserova Sonata》에서 톨스토이Aleksei Nikolaevich Tolstoi는 "부부의 성관계도 인간의 품위를 훼손하는 동물적 행동이다."라고 주장했다.

20세기 초반에 있었던 다음과 같은 사건은 여성의 품위가 무엇인지 잘 보여준다. 결혼해서 아내와 살고 있지만 성적인 욕구불만으로 괴로워하는 남자가 있었다. 그의 성적 취향은 정상체위가 아니라 후배위였다. 그렇지만 독실한 기독교인인 아내는 그것이 자연의 이치를 거스르는 죄악이라면서 허락하지 않았다. 나중에 이 남자는 '대안'으로 다른 여자와 후배위로 성관계를 할 기회를 가지는데, 그만 아내에게 들키고 만다. 모욕을 당했다고 생각한 아내는 이혼을 청구했지만, 전후 앞뒤 맥락을 들은 변호사는 그녀에게 책임을 돌렸다. 그녀가 남편이 원하는 것을 들어주지 않았기 때문에 그가 외도할 수밖에 없었다고 본 것이다. 후배위라는 작은 죄악을 피하기 위해서 남편을 외도라는 큰 죄악으로 내몰았다는 논리다. 이 에피소드는 도덕적, 종교적 명령이 어떻게 정상

적인 부부관계를 파탄으로 이끌었는지를 잘 말해주고 있다.[147]

　법철학자인 예링Rudolf von Jhering은《목적에 대한 수단으로서의 법 Der Zweck im Recht》에서 "병적으로 높아진, 여성의 수치심에 대한 예민함"은 주입된 교육의 결과라고 주장했다. 수치심은 가지고 태어나는 것이 아니라 주입된 것이라는 뜻이다.[148] 나중인 1949년 보부아르Simone de Beauvoir는《제2의 성Le Deuxième Sexe》에서 불감증은 생리적인 현상이 아니라 여성이 처한 불리한 상황의 결과라고 주장했다. 남자가 여자를 성적 대상으로 취급하며 상대의 기분이나 감정을 배려하지 않고 자기 좋을 대로 일을 치르기 때문에 생기는 "거부의 반사적 반응"이라는 것이다. 이 점을 보여주기 위해서 그녀는 1954년에 발표한《고급 관료 Les Mandarins》에서 주인공이 두 명의 남자와 나누는 성행위를 다음과 같이 비교했다.

　　우리는 서로를 원했다. 그가 침대에서 내 옆에 누워 있어도 긴장이 되지 않았다. 그가 나를 바라보는 시선에 움츠러들 이유가 없었다. 나를 다른 여자와 비교하거나 재보지 않았기 때문이었다. 그의 욕망에 나도 반응하기 시작했다. 오랜 시간 동안 아무런 기쁨을 느끼지 못했던 내가……

　　아무 말도 없이, 입맞춤도 없이 그가 내 위에 올라와 내 몸으로 들어왔다. 너무나 순식간에 일어난 일이었기 때문에 황당했다. …… 그가 내 안으로 들어와 있어도 나는 아무것도 느끼지 못했다. …… 마치 치과의사가 나의 부푼 잇몸에 강철로 된 핀셋을 대고 있는 느낌이었다. …… 내 안에 들어와 있는 이 이물질…….

보부아르는 여자의 불감증은 여자의 문제가 아니라 남자의 문제라는 점을 지적한다. 남자가 감정적 교감이 없이 반폭력적으로 여자의 몸을 취하면 반동으로 움츠러들 수밖에 없다는 것이다. 고객과 몸을 섞을 때에는 무감각하던 육체가 사랑하는 남자에게는 극히 민감하게 반응한다. 즉 마음이 움직여야만 몸도 반응을 하는 것이다. 남자가 성기를 가지고 쾌감을 느낀다면 여자는 몸 전체를 통해서 쾌감을 느낀다.[149] 남자의 쾌락이 국지적이라면 여자는 전면적이다.

아무튼 당시에는 작품에서 성행위를 묘사하거나 암시하는 장면이 섞여 있으면 비난을 각오해야 했다. 1857년 《보바리 부인Madame Bovary》을 쓴 플로베르Gustave Flaubert는 루돌프가 엠마를 유혹할 때 성행위를 넌지시 암시했다는 이유로 "도덕과 종교를 모독"했다고 기소될 정도였다.[150] "그녀는 그에게 몸을 맡겼다."라는 사소한 표현도 미풍양속에 어긋나는 죄악으로 간주되었다.[151] 주인공이 혼전에 처녀성을 잃는 사건이 전면에 등장한 토마스 하디의 《테스》도 구체적인 성행위를 묘사한 대목이 없음에도 불구하고 부도덕한 주제를 다루었다는 비난을 받아야 했다.

그럼 19세기의 사람들은 근엄하고 도덕적이며 금욕적인 삶을 살았을까? 물론 그렇지 않았다. 도덕적 이상과 현실은 일치하지 않는다. 마음으로 정숙과 순결을 다짐하면서도 정반대로 행동하는 사람이 많았다. 19세기는 위선의 시대, 남자와 여자에게 다른 기준을 적용하는 이중잣대double standard의 시대였다.

《테스》에서 테스와 엔젤은 서로 사랑하는 사이임에도 불구하고 이

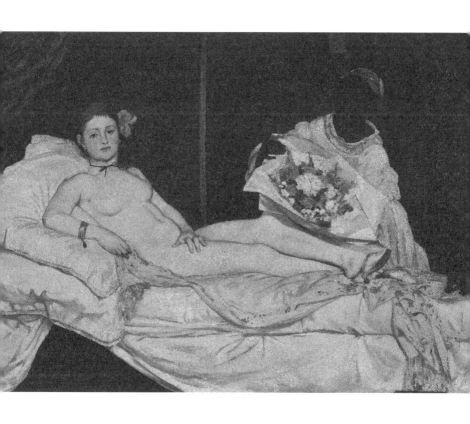

에두아르 마네,
〈올랭피아 L'Olympia〉
-
나체의 매춘부가 도발적으로 관객을 쳐다보는 이 그림은
음란하고 상스럽다는 비난을 받았다.

중잣대의 벽을 넘지 못하고 그것의 희생자가 되었다. 과거에 순결을 잃었기 때문에 결혼을 아예 포기한 그녀도 엔젤의 진실한 사랑 앞에 새로운 희망을 품게 된다. 그럼에도 순결을 잃은 사실을 고백해야 한다는 죄의식에서 벗어나지 못한다. 그런데 결혼 첫날밤 다행스럽게도 그녀에게 고백의 기회가 찾아왔다. 엔젤이 자신의 과거를 고백했던 것이다. 엔젤은 어떤 여자와 성적으로 방탕한 생활을 한 적이 있다고 말한다. 그러자 그의 고백에 힘을 얻은 그녀는, 자신이 엔젤의 과거를 용서했듯이 엔젤도 자기를 용서할 것이라는 생각에서 과거를 털어놓는다. 그러나 엔젤은 그녀를 용서하지 못한다. 배신감에 치를 떨면서 그는 "지금까지 내가 사랑한 여자는 당신이 아니었다."라고, 그리고 그녀의 진정한 남편은 알렉이라고 매정하게 반응한다. 너새니얼 호손Nathaniel Hawthorne의 《주홍글씨The Scarlet Letter》에서도 여주인공 헤스더는 단 한 차례의 불륜으로 인해 평생 동안 고통스럽게 살아야 했다.

엔젤의 과거 경험이 말해주듯이 연인이나 아내에게 순결을 강요하는 남자들도 뒤돌아서면 남몰래 성에 탐닉했다. 당시 런던이나 파리와 같은 대도시에는 홍등가가 우후죽순처럼 생겨났다. 혼전에는 사귀는 여자와 감히 입맞춤을 할 엄두도 내지 못했던 시대에 남자들은 욕구를 해소하기 위해 홍등가를 찾았다. 19세기 중반 인구가 200만 명이었던 런던에 매춘부의 숫자가 36명당 1명꼴이었다는 통계도 있다. 미성년과 노년을 제외하면 12명에 1명꼴로, 런던 인구의 8~9퍼센트가 매춘에 종사했다는 계산이 나온다. 어림잡아 약 5만 5천 명이 런던의 "거리를 왔다갔다하며" 호객을 했던 것이다.

그런데 불행하게도 은밀한 성적 쾌락의 대가는 엄청난 것이었다. 성인 남자의 75퍼센트가 성병에 걸릴 정도로 성병이 기승을 부렸다. 더구나 감염된 환자가 아내에게 성병을 옮겨서 실제 환자 숫자는 엄청났다. 어떤 통계에 따르면 선원의 아내 5명 가운데 1명이 매독 환자였다고 한다.[152] 매독은 결핵과 더불어 19세기를 대표하는 질병이었다. 매독으로 사망했던 프랑스 작가 모파상Guy de Maupassant은 감염 사실이 확인된 순간에 역설적이지만 오히려 안도의 한숨을 내쉬었다고 한다. 그만큼 매독은 당시 많은 사람의 의식을 지배하는 질병이었다. 하지만 당시의 근엄하고 억압적 분위기 때문에 매독 환자는 자신의 증상을 터놓고 밀할 수 없었다고 한다.[153]

여자에게 불리하고 남자에게 유리한 이중잣대는 남자들의 허위와 위선을 여실히 폭로하는 바로미터였다. 많은 작가와 예술가가 남자들의 위선을 비판하고 고발하기 위해서 매춘부를 작품의 주인공으로 삼았다. 도스토옙스키의 《죄와 벌Prestuplenie I Nakazanie》에서 여주인공 소냐는 매춘부이기는 하지만 성모 마리아와 같은 구원의 여신이다. 톨스토이의 《부활Voskresenie》에서도 여주인공 카추사는 순결을 잃고 매춘부로 전락한 여자다. 그리고 마네Édouard Manet가 1863년에 완성한 작품 〈올랭피아L'Olympia〉에서는 실오라기 하나 걸치지 않은 매춘부가 도발적으로 관객을 쳐다보고 있다. 로트레크Toulouse Lautrec는 매춘부들의 일상을 화폭에 옮겨놓았다.

이러한 성적 억압과 일탈의 분위기 속에서 19세기 후반에 독립된 학문으로서 성과학이 탄생한다.

20TH CENTURY
1910-2000

성해방 시대, 20세기

20년간 세상을 뒤집어 놓았던 성해방은
성행위를 취향으로 만들었다.
성행위는 배우고 연마해야 하는 테크닉이 되었다.
이제 성행위는 단순한 성적 접촉이 아니라
인간관계의 중심이 된 것이다.

"벗어버려!
자, 어서!"

6

성적으로 수치심을 느끼게 하면서 성욕을 자극하고 선량한 성도덕에 위배되는 작품을 음란물이라고 한다. 20세기 중반까지 정부는 문학작품에 대한 검열의 기준을 강화하고 미풍양속을 해치는 작품의 판매를 금지시켰다. 그러나 법망을 피해서 불법으로 유통되는 포르노물은 계속 쏟아져 나왔다.

문학사에서 가장 유명한 검열 사건을 일으킨 작품은 1928년에 출판된 로런스D. H. Lawrence의 《채털리 부인의 연인Lady Chatterley's Lover》이었다. 이 책에서 로런스는 남성의 성기를 적나라하게 묘사했다. 당연히 출판과 동시에 영국에서 판매가 금지되었고 서점의 서가에 꽂혀 있기만 해도 주인이 처벌을 받았다. 그런데 저자가 타계한 후, 펭귄출판사는 1959년에 출판한 20만 부에 대해 기소를 당했는데, 그것이 '채털리 부인 재판'이다. 놀랍게도 이 재판에서 펭귄출판사가 승소했고 이 사건은 1960년대 성해방의 전주곡이 되었다. 새로운 시대가 열린 것이다.

'채털리 부인 재판'이 있기 2년 전 1957년에 잭 케루악Jack Kerouac이 발표한 《길 위에서On the Road》는 반항하는 젊은 세대에게 성경처럼 읽히는 책이었다. 이 작품은 기성세대의 위선에 대한 고발장이나 다름없었다.

> 샐, 그리고 메릴루, 너희 둘 다 날 따라해 봐. 몸에 걸친 무거운 옷은 모두 벗어버려. 옷이라는 것에 무슨 의미가 있어? 내가 하고 싶은 말은 그거야. 그리고 나와 함께 배에 따뜻한 햇볕을 쪼이자고. 자, 어서!-154

옷을 벗는다는 것은 무엇을 의미하는가? 그것은 문명이 강요한 모든 억압과 인습으로부터의 해방을 의미한다. 이 책의 젊은 주인공들은 좋아하는 사람과 맥주를 마시듯이 좋아하는 상대와 자유롭게 섹스를 나눈다. 여기에는 일말의 죄의식도 찾아보기 어렵다. 이 젊은이들은 이미 해방된 것이다.

토머스 핀천Thomas Pynchon이 1966년에 발표한 실험적인 소설《제49호 품목의 경매The Crying of Lot 49》의 여주인공은 성해방 이전의 억압적인 분위기를 다음과 같이 회상한다.

> 처음부터 탈출은 불가능했던 것이다. 과연 그녀는 무엇으로부터 도망치려 했던가? 그녀같이 생각할 시간이 많은 갇혀 있는 여인들은, 자신이 갇힌 탑의 높이와 구조가 자신의 자아와 같아 보이는 것이 단지 우연에 불과하다는 것을 곧 깨닫게 된다. 현재 자기를 가두고 있는 것은 이유도 없이 외부에서 찾아온 알 수 없는 고약한 마술이라는 사실을 말이다.

여기에서 작가는 성해방 이전에 여자들은 탑에 유폐되어 있었다고 말한다. 왜 동화에는 라푼젤처럼 탑이나 성에 갇힌 여주인공들이 그토록 많단 말인가.

1960년대는 과거의 인습과 억압의 굴레에 묶인 여자들이 탈출에 성공하는 시대였다. 기성세대의 타도를 외치는 히피족의 시대, 반문화혁명counter-cultural revolution의 시대, 문화적 억압에서 벗어나기 위해 마약, 마리화나, 암페타민과 환각제 복용이 권장되던 시대였다. 그리고 무엇보다도 여성 해방의 시대였다.

타인의 취향을 존중하라

지난 2,500년 동안 축적되어 온 엄격한 성도덕은 20세기 중반까지 유럽 사회를 지배했다. 그리고 1960년대에 비로소 커다란 변화가 일어난다. 이른바 '성해방'이다. 성해방을 염두에 두고 마거릿 미드Margaret Mead는 "하룻밤에 우리는 청교도에서 성욕으로 건너뛰었다."-155라고 말했지만, 그것은 댐이 무너지듯이 갑자기 발생한 혁명은 아니었다. 성해방은 20세기 초반부터 점진적으로 진행된 성의 자유화sexual liberalization 흐름이 가시화되고 확대된 것이라고 보아야 한다.-156

엄격한 기독교적 도덕과 성적 억압에 대한 저항은 20세기 초반부터 시작되었다. 인류학자 미드는 1928년에 출간한 《사모아의 청소년Coming of Age in Samoa》에서 성적으로 활발하고 심리적으로 건강한 사모아 청년들의 모습을 유럽인에게 보여줌으로써 성적 억압에 심리적 질환을 앓고 있는 자신의 모습을 깨닫게 했다. 마르크스Karl Marx의 《자본론 Das Kapital》, 다윈Charles Darwin의 《종의 기원》만큼 역사적으로 중요하다고 평가받는 킨제이Alfred Kinsey의 성보고서가 출간된 것도 1948년이었으며,-157 성에 대한 적나라한 묘사로 세상을 떠들썩하게 만들었던 헨리 밀러의 《북회귀선》은 1934년에, 로런스의 《채털리 부인의 연인》은 1928년에 출간되었다. 제임스 조이스James Joyce의 《율리시스Ulysses》에는 주인공이 거티의 벗은 몸을 보고 자위를 하면서 그것이 "우리 사이의 언어"라고 말하는 장면이 있다. 심지어 그는 배설물을 보고 흥분하기도 한다.

아무튼 이들 소설에는 낭만적 사랑의 단골 메뉴였던 한숨이나 눈물, 꿈과 같은 이미지 대신에 유방과 허벅지, 항문성교, 자위 등이 적나라한 모습으로 묘사되어 있다. 에두르지 않고 성기를 직접적으로 묘사하는 대목도 있다. 《율리시스》에서 레오폴드의 축 처진 음경을 "나른하게 힘없이 떠도는 꽃languid floating flower"이라고 묘사하는 식으로 말이다.

그런데 문학에서 재현된 성은 성의 상업화나 에로티시즘과 거리가 멀다는 점을 먼저 이해해야 한다. 《율리시스》에서 블룸이나 몰리, 멀리건의 벗은 몸은 성적으로 자극적이지 않다. 사르트르Jean-Paul Sartre의 《구토La Nausée》처럼 노출된 몸은 징그럽고 끈적끈적하며 혐오감을 자아내기까지 한다. "마치 인간이 만물의 영장이라는 우월한 관점에서 동물의 생식기를 바라보듯이"[158] 묘사되어 있는 것이다. 조이스는 성을 쾌락이라기보다는 문제 덩어리로서 제시했던 것이다. 그럼에도 《율리시스》처럼 극히 난해하고 모더니즘적인 작품에서 성을 정공법으로 다루었다는 사실은 중요한 의의가 있다.

1960년대 이전에 성해방의 물결은 이미 유럽을 휩쓸기 시작했다. 이러한 추세에 한몫을 한 것이 미인 대회다. 미인 대회는 이제까지 감춰야 했던 여성의 몸을 노출시킴으로써 관음증적 대상으로 만들었다. 1920년에 텍사스의 갤버스턴Galveston섬에서 수영복 차림으로 몸매를 보여주는 미인 대회Splash Day가 개최되었다. 이 대회는 관광객을 유치하는 것이 목적이었다. 이것은 1926년에 세계미인대회International Pageant of Pulchritude로 발전했으며, 1952년에는 캘리포니아 롱비치 해변에서 제1회 미스유니버스 선발대회가 개최되었다. 세계미인대회라는 이름을 빌려 성의 에로티시즘을 공식화하기 시작한 것이다. 이런 흐름을 이어받아, 미스유니버스 선발대회 1년 후인 1953년에 성에 대한 '진보적 견해'를 표방한 잡지 〈플레이보이PLAYBOY〉가 창간되었다.

성해방의 확산은 2차 세계대전 이후 미국인이 향유했던 경제적 풍요와도 깊은 관련이 있다. 1960년대 미국은 생산자본주의에서 소비자본주의로 진입했다. 근검절약하면서 하루 종일 땀 흘려 노동해야 했던 사회가 이제는 재화와 시간을 소비할 수 있는 사회로 바뀐 것이다. 케인스John Maynard Keynes는 1930년에 발표한 〈우리의 손주를 위한 경제적 가능성Economic possibilities for our Grandchildren〉이라는 글에서 두 세대 후면 인류 역사상 처음으로 빈곤의 문제가 해결될 것이라는 낙관적인 전망을 내놓았다. 그의 예상이 적중한 것이다.

소비자본주의는 인간이 모든 욕망을 충족할 수 있는 단계에 도달했다는 것을 의미한다.⁻¹⁵⁹ 여유가 생기자, 과거에는 상상할 수 없었던 새로운 욕망이 꿈틀거리고, 또 그것을 만족시킬 수 있는 문화 산업이 생겨나게 되었다. 〈플레이보이〉와 같은 에로틱한 잡지가 등장하고 과거에 현모양처를 위한 잡지였던 〈코스모폴리탄Cosmopolitan〉이 1965년부터 여성의 성적 매력을 강조하고 성생활에 대한 정보를 전달하는 방향으로 전환한 것도 새로운 욕구에 부응하는 현상이었다. 또한 항생제 페니실린이 매독의 공포로부터 해방시켜 주었고 피임약의 발명은 '섹스=임신'의 공식을 가볍게 깨뜨렸다. 사람들은 예전보다 훨씬 자유로운 성생활을 하게 되었다. 의학 역시 성해방에 중요하게 한몫했음은 물론이다.

성적 자유화의 움직임이 가시화된 것은 1960년대 후반부터다. 1960년대 후반부터 1980년대까지 약 20년의 기간에 일어난 일련의 사건들을 '성해방'이라고 일컫는다. 1960년대 후반 이전에는 주류문화에 저항했던 보헤미안이나 비트세대, 히피족과 같은 반문화운동이 성해방을 주도했다면 1960년대 후반부터 주류문화도 성해방의 물결에 가담한 것이다. 성적 자유와 표현이 지하에서 광장으로 나오게 된 것이다.

그런데 1980년대 중반에 가속화되던 성해방에 급작스러운 제동이 걸린다. 1981년 미국에서 에이즈AIDS 환자가 발생한 것이다. 인간면역결핍 바이러스human immunodeficiency virus, HIV에 의해 면역계가 손상되는 이 치명적인 질환의 정체를 확인한 해는 1983년이었다. 마음 놓고 성을 즐기기에는 에이즈의 공포가 너무나 컸다. 에이즈는 현대판 흑사병이나 마찬가지였다.

중세에는 흑사병이 창궐하면 수호 성자인 성 세바스티아누스나 성 로슈St. Roch에게 기도라도 할 수 있었지만 현대의 에이즈 보균자에게는 의지하거나 위안을 받을 곳이 없었다. 1993년 톰 행크스Tom Hanks가 주연한 영화 〈필라델피아Philadelphia〉에서 볼 수 있듯이 사람들은 손이 닿기만 해도 에이즈에 감염될지 모른다는 미신적 공포에 사로잡혔다. 에이즈의 등장과 더불어 성해방이 막을 내리게 된다. 그러면서 성해방의 반동으로서, 자유분방한 성관계를 회피하고 안전한 성관계를 선호하는 운동이 고개를 들었다. 에이즈를 성해방에 대한 신의 징벌이라 말하는 사람도 적지 않았기 때문이다.[160]

20년간 세상을 뒤집어 놓았던 성해방은 성을 바라보는 시선과 성적 관행을 어떻게 바꾸어 놓았을까? 가장 중요한 변화로 남녀의 성적 평등을 꼽을 수 있다. 지나치게 남근중심주의를 내세우고 일방적이었던 성적 쾌락의 관행에 여성의 성적 주체성이 반영되기 시작했다. 지금까지 여성은 남성의 성적 쾌락 대상 아니면 어머니나 아내의 가정적 역할을 강요받았다. 여성이 주체의 자격으로 당당하게 자신의 성을 주장하기 시작한 것은 성해방의 가장 큰 성과라고 할 수 있다.

또 하나의 커다란 변화는 성행위가 취향이나 라이프스타일로 발전한 것이다. 사랑과 생식에 종속되었던 성이 독립해 하나의 취향이 된 것이다. "에스프레소를 좋아하세요? 카페라테를 좋아하세요?" 같은 질문처럼 "강한 섹스를 좋아하세요? 부드러운 섹스를 좋아하세요? 어떤 체위를 좋아하세요?"라고 얼굴을 붉히지 않고 죄책감 없이 자연스럽게 질문할 수 있는 시대가 되었다. 성행위는 배우고 연마해야 하는 테크닉으로 인식되기 시작했다. 이제까지 어두운 지하에 숨어있던 섹스는 지상으로 나온 것에 그치지 않고 공적 담론이 되었다. 학교에서 공식적인 성교육이 이루어지고 에로틱한 영화 상영을 승인하면서 섹스가 공적으로 이야기되었다. 1969년에는 덴마크 코펜하겐에서 세계 최초로 성박람회 erotic fair가 개최되었다.

세 번째로 꼽을 수 있는 큰 변화는 과거에 숨죽이고 있던 성적 소수자들이 커밍아웃을 하기 시작했다는 것이다. 지금까지의 성은 남자 아니면 여자라는 양성적 도식을 빌리지 않으면 상상할 수 없었다. 그런데 20세기 후반 이후로 양성적 도식이 다성적 도식으로 바뀌기 시작했다. 여자와 여자, 남자와 남자의 동성애, 생물학적 성과 성적 취향이 전복된 트렌스젠더 등이 등장한 것이다.

성해방은 피임약과 떼어놓고 생각할 수 없다. 콘돔이 남성의 성을 해방시켰다면 1961년에 미국식약청이 승인한 피임약은 여성의 성해방에 결정적인 역할을 했다.⁻¹⁶¹ 피임약이 등장하기 이전까지 여성은 크나우스-오기노Knaus-Ogino 방법으로 임신주기를 파악하고 임신하지 않는 기간에만 성생활을 즐길 수 있었다. 그럼에도 여전히 임신 위험은 도사리고 있었다. 그런 위험으로부터 여성을 완전히 해방시킨 것이 1972년부터 시판되기 시작한 피임약이다.

인류 역사상 처음으로 여성의 성이 생식의 기능으로부터 분리되었다. 생식기가 아닌 성기가 된 것이다. 생식기가 곧 성기였던 시절에 성행위는 임신과 출산으로 직결되는, 결혼이 전제되지 않으면 즐기기에 너무나 위험한 행동이었다. 잘못하면 패가망신은 물론이고 무리한 낙태를 시도하다가 생명을 잃을 수도 있었다. 그런데 피임약은 그러한 두려움에서 여성을 해방시켰다. 여성이 자기 성행위의 주인이 된 것이다.

그것은 성행위가 결혼의 사슬로부터 풀려났다는 사실을 의미한다. 성행위에서 생식과 결혼이라는 걸림돌이 제거되면 무엇이 남는가? 남는 것은 성적 쾌감이다. 임신과 출산, 양육으로 이어지는 여성의 삶에서 끝자락에 부록처럼 붙어있던 성적 쾌감이 이제 화려한 앞표지가 된 것이다.

성행위는 단순한 성적 접촉이 아니라 인간관계의 중심에 자리 잡았다. 과거에는 부부 사이의 뜨거운 열정이 유치한 사랑타령으로 여겨졌지만, 이제는 그러한 열정을 대놓고 말할 수 있게 되었다. 오히려 성생활이 활발하지 않은 부부는 비정상으로 취급받는 분위기가 만들어졌다. 이런 문화에서 섹슈얼리티는 해부학이나 부인의학, 생리학의 대상이 아니라 심리학, 자기 발전, 개성의 대상, 즉 정체성의 본질로 발전했다.

과거에 동성애나 자위는 친구의 꼬임이나 악마의 유혹에 넘어가 누구나 범할 수 있는 부도덕한 '행위'에 지나지 않았다. 그의 성격이나 정체성과 관련해서 해석되지는 않았다. 그러나 현대에는 섹슈얼리티가 '정체성'이 되었다.[162] 누군가에 대해 알고 싶으면 가장 먼저 그의 성적 취향을 살펴보아야 한다. 당신은 누구인가? 당신이 성적 취향을 말해주면 우리는 당신이 누구인지 알 수 있다. 섹슈얼리티가 한 사람의 모든 것이 되었다.

제3의 성

19세기 후반, 성과 과학을 결합한 '성과학'은 매우 낯선 용어였다. 성과 관련된 지식은 종교나 윤리, 도덕, 기껏해야 부인의학에서 다루어지는 소재였기 때문이다. 의사가 여자 환자의 환부를 손으로 만지면서 진단하는 것이 금기였던 시대이지 않은가. 그러나 성이 과학의 대상이 되는 순간, 성의학자는 도덕적 망설임과 금기로부터 해방되었다. 현미경으로 신체의 조직을 들여다보듯이 성적 차이와 특징을 연구할 수 있게 된 것이다. 독일의 정신의학자 크라프트에빙Richard von Kraft-Ebing이 1886년에 출판한 《성적 정신병질Psychopathia Sexualis》은 최초의 성 과학서로 손꼽히는 기념비적 저서다. 이 책에서 그는 '변태성욕'이라는 미개척 분야를 연구했다.

20세기 성 풍속도의 변화를 충분히 이해하기 위해서는 섹슈얼리티에 대해 좀 더 자세히 들여다볼 필요가 있다. 섹슈얼리티는 무엇인가? 성을 성으로 만들어주는 성질을 뜻하는 섹슈얼리티는 의미의 손상 없이 우리말로 번역하기가 어려운 단어다. 섹슈얼리티는 나를 나로 만들어주는 성적 성격과 역할, 취향이다. 남자가 여자를 좋아하는 것이 남자로서의 당연하고 자연스러운 성적 취향인 것일까? 남자를 좋아하는 동성애자는 겉만 남자고 속은 여자인 것일까? 남자가 긴 음경, 여자가 짧은 음핵을 가지고 있어야 한다면, 음핵이 음경보다 더 길면 어떻게 되는 것일까? 음경과 음문을 한꺼번에 가지고 있는 양성구유자는 어떻게 되는 것일까? 혹시 성이 남녀 두 종이 아니라 더 많이 있는 것은 아닐까? 대체 어디서부터 남자가 시작되고, 또 어디서부터 여자가 시작되는 것일까? (누구나 한번쯤 궁금해 했을) 이 모든 질문이 섹슈얼리티와 관련된 것들이다.

그런데 섹슈얼리티는 양성구유자, 혹은 간성間性 소유자에 이르러 폭발적인 질문을 쏟아내게 한다. 역사적으로 양성구유자의 존재는 언제나 성별의 구분과 질서를 헝클고 흐트러뜨리며 헷갈리게 만드는 혼돈이었다. 우리가 당연하게 생각하고 있던 남녀의 차이를 갑자기 낯선 의문의 대상으로 만드는 것이다.

고대 그리스 로마 시대에도 양성구유자가 있었다. 심지어 양성구유자에 대한 이론도 있었다. 자궁에는 씨방이 7개(오른쪽에 3개, 왼쪽에 3개, 중앙에 1개)가 있다고 주장했던 갈레노스는 방의 위치에 따라서 성별이 나뉜다고 설명했다. 오른쪽은 남아를 수태하는 방이고 왼쪽은 여아를 수태하는 방으로, 정액이 사정되는 방의 위치에 따라서 성별이 결정된다는 것이다. 만약 정액이 중앙에 있는 방으로 사정되면 여자이면서 남자고 남자이면서 여자인 간성이 태어난다.[163] 《변신 이야기》의 작가 오비디우스는 양성구유자hermaphrodite는 헤르메스Hermes와 아프로디테Aphrodite 사이에서 태어난 자녀로 설명했다. 이와 같이 성별을 판단하기에 어려운, 애매모호한 성의 소유자는 언제나 논란의 중심에 있었다.

그럼에도 20세기 후반에 접어들기 전까지 남녀가 양성밖에 없다는 전통적인 관념은 하나의 고정 명제였다. 명석하고 분명한clear and distinct 관념의 추구가 근대의 이념이 아니었던가. 올바른 동시에 그릇된 생각이 없듯이 남자와 여자의 중간인 애매모호한 성이 있어서는 안 되었다. 그런데 간성이 태어난다면? 고대에 간성은 예외적인 존재였으며, 중세에는 자연의 질서를 거스르는 괴물로 화형에 처해졌다. 제거하면 더 이상 존재하지 않는 거나 마찬가지라고 생각했다. 간성을 없애는 또 하나의 방법은 간성이 자신의 성을 남성이나 여성 어느 한쪽으로 결정하는 것이다. 고대 그리스에서는 간성이 남성의 능동적 역할을 하면 남자로, 여성의 수동적 역할을 하면 여자로 간주했다. 이런 방법은 근대 초기에도 마찬가지였다.

최근에도 간성은 세계적인 이슈가 되고 있다. 1968년 이후로 올림픽 경기에 성별 구분 검사가 도입되었는데, 그 이전부터 참가 선수의 성별에 대한 논란이 끊이지 않았기 때문이다. 가령 1932년 LA올림픽 여자 육상 100미터 경기에서 금메달을 획득했던 스타니스와바 발라시에비치Stanisława Walasiewicz는 나중에 총기사고로 살해되었는데, 부검 결과 그녀에게 음경이 있다는 사실이 밝혀져 세상을 떠들썩하게 만들었다. 2009년 베를린에서 개최된 세계육상선수권대회 여자 800미터 경기에서 1분 55초 45라는 경이적인 기록으로 금메달을 수상한 세메냐Caster Semenya도 있다. 체형과 낮은 목소리 때문에 그녀도 남자라는 의혹이 끊이지 않았다. 그녀는 여자일까? 남자일까? 아니면 여자도 남자도 아닌 제3의 성일까?[164] 우리나라에서도 간성으로 태어난 아이의 성별을 여자에서 남자로 바꿔달라는 호적 변경 신청이 접수된 일이 있었다. 염색체는 여성이지만 남자로 생식기를 전환하는 게 적합하다는 병원의 판단에 따라서 수술을 하고 남자가 된 경우였다.[165]

그렇다면 간성은 반드시 수술을 통해 남자나 여자 어느 한쪽에 속하게 만들어야 하는 것일까? 20세기 중반 이전이라면 이러한 질문에 대한 답은 당연히 '그렇다'였다. 그런데 1960년대 후반 이후로 거세어진 성해방의 물결은 '그렇지 않다'라는 대답을 가능하게 만들었다. 동성의 성행위도 정상적인 것으로 인정을 한다면 간성이라고 해서 안 될 이유가 없다는 것이다. 20세기 초반까지도 문명국으로 자부심이 대단했던 유럽은 이성끼리의 결합이 아닌 모든 결합을 야만적인 것으로 타자화했다. 그러나 성해방 운동이 그러한 배타적 태도를 보수적이며 부르주아적인 것으로 배척하기 시작했다. 만약에 둘이 아니라 다수의 성이 있다면 동성애에 대한 편견이나 스티그마(stigma, 낙인)도 사라지지 않겠는

192

가. 이렇게 새로운 인식과 더불어 '양성 고정 가설'은 심각한 도전에 직면하게 된 것이다. 성의 역사를 살펴보면 성이 남녀로 구분되는 지점이 언제나 논쟁을 불러일으켰다는 것을 알 수 있다. 특히 1950년대 이후로 성별 구분은 성과학의 뜨거운 감자였다.

그렇다면 남녀를 구분하는 기준이 무엇인가? 의사들은 경계가 불분명한 신생아의 성을 판단하기 위해서 남녀기준표Phall-O-Meter를 활용하곤 했다. 이 기준에 따르면 신생아가 정상적인 남아라면 음경이 최소 2.5센티미터 이상이어야 한다. 반면에 1센티미터 이하인 신생아는 여자로 간주된다. 음경이 아니라 음핵으로 분류되는 것이다. 그렇다면 남아인데 음경의 길이가 지나치게 짧으면 어떻게 되는 것일까? 음경의 길이가 1~2.5센티미터 사이인 신생아는 성별의 판단이 애매모호하다. 남아라고 하기에는 음경이 너무 짧고 여아의 음핵으로 보기에는 길이가 너무 긴 것이다.

애타게 기다렸던 아기가 간성이라는 사실을 안 부모의 당혹감은 이루 말할 수 없을 것이다. 생명이나 건강에 지장이 없다면 그대로 내버려 둬야 하는가? 아니면 정상적 범위에 들어오도록 수술해서 바로잡아야 하는가? 간성은 양손잡이와 같은 현상으로 보아야 하는가? 과거 왼손잡이 자녀를 오른손잡이로 바로잡기 위해 온갖 노력을 기울였던 부모가 지금은 자녀의 선택에 맡겨두는 것처럼, 간성에 대해서도 수용적인 태도를 취할 수 있을까?

다성 모델이 제3의 성으로 인정받기 이전에 의사들은 애매모호한 간성을 남성이나 여성 중 하나로 교정하는 수술을 부모에게 권유했다. 아이가 성장해서 자신이 간성이라는 사실을 발견하고 겪을 충격과 혼란을 미연에 방지하기 위해서 수술이 필수라는 것이다. 자연이 '실수'를 했다면 인간이 그 결함을 바로잡아야 한다는 생각이었다. 의사들은 남성으로 교정 수술을 받은 신생아는 나중에 여자를 사랑할 것이라는 확신을 가지고 있었다.

그러나 간성이 과연 자연의 실수일까? 또 교정으로 기대했던 결과가 나타날 수 있을까? 일찍이 1940년대에 86건의 간성 사례를 연구했던 엘리스Albert Ellis는 "인간의 성적 충동은 대체적으로 생리적 요인에 의해 결정되기는 하지만 충동의 방향은 생리적 요인과 무관하다."라고 주장했다. 생리적으로 분명한 남성이 성적 취향에서는 여성적이 될 수 있다는 주장이다.-166

현대에는 더 이상 눈으로 보이는 성기의 형태를 가지고 성별을 구분하지 않는다. 유전공학이 발달한 첨단 의학은 염색체로 남녀를 구분한다. 성염색체가 XX면 여성, XY면 남성이다. 그렇다면 성기의 형태는 애매모호하더라도 염색체의 관점에서는 분명하게 두 개의 성만 있어야 한다. 그러나 아주 예외적이기는 하지만 염색체에도 변이가 있다. 터너증후군Turner Syndrome은 X염색체가 하나밖에 없는 X며, 클라인펠터증후군Klinefelter Syndrome은 X염색체가 하나 더 있는 XXY다.

그런데 예외적 염색체는 섹슈얼리티라는 빙산의 일각에 지나지 않는다. XX나 XY를 가진 남자와 여자의 경우에도 염색체만 가지고는 다양한 성적 취향과 구조를 설명할 수 없다. XX인 여자에게서 남성적 성징이 발현되는 사례도 심심치 않게 볼 수 있기 때문이다.

그런데 왜 이렇게 성적 다양성이 나타나는 것일까? 아리스토텔레스는 도토리가 모두 똑같은 참나무로 자라지는 않는다고 했다. 기후와 토양 등의 차이에 따라서 다양한 형태의 참나무가 생긴다는 것이다. XX와 XY는 잠재적인 남성과 여성에 지나지 않는다. 자궁 속의 환경에 따라서 다양한 형태의 생식기로 발현될 수 있는 것이다.

현대 의학은 염색체의 차이에도 불구하고 남녀의 생식기가 상동기관이라는 점을 발견했다. 임신 직후에는 남녀 태아의 비뇨생식기관이 동일하다. 염색체는 아직 그 차이에 상응하는 생식기의 형태로 발전하지 않은 상태다. 이때 흥미로운 것은, 이 미분화 상태의 생식세포 상단에는 남근phallus이 달려있다는 사실이다. XX는 물론이고 XY도 남근을 가지고 있기 때문에 엄밀한 의미에서 그것은 성의 근원으로서 성근性根이라고 부르는 것이 맞지만 관례적으로 남근이라 불린다. 생식기의 분화가 시작되는 것은 6주가 경과한 후부터다. 이제 남근이 음경이나 음핵의 형태를 점차 갖추기 시작하는 것이다. 똑같은 남근 구조에서 음경과 음핵이 발생한다는 점에서 양자는 상동기관이 된다.

인간과 마찬가지로 동물도 수컷이 음경을 가지며 암컷은 음핵을 가진다.[167] 따라서 태아의 비뇨생식기 형성 과정에서 중요한 것은, 분화가 성공적으로 이루어지는 자궁의 적당한 환경이다. 성 호르몬이 분비되어 자극을 주지 않으면 세포는 자신이 XX나 XY라는 것을 알지 못한다. 혹은 기입된 염색체 코드가 해독되지 못한다. 남자 혹은 여자의 생식기로 형태를 갖추기 위해서는 테스토스테론과 에스트로겐이 충분히 분비되어야 한다. 그렇지 않으면 잠재적인 남자 혹은 여자의 생식기는 남아도 아니고 여아도 아닌 애매모호한 형태로 남게 된다. 이렇게 중간성이 태어나는 확률은 신생아 천 명당 약 17명이라고 한다. 정확하게는 17.28명이다. 그렇다면 60명의 학급에 평균 1명의 간성 소유자가 있다는 것이다.[168]

간성인 유아는 수술을 통해 성 교정을 받는 것이 관례였다. 일례로 체릴 체이스Cheryl Chase는 정소와 난소를 모두 가진 양성구유자로 태어났다. 당혹스럽기는 했지만 부모는 그(녀)의 생식기가 음경처럼 큰 음핵을 가지고 있다는 사실을 발견하고 남자아이로 키웠다. 두말할 나위 없이 그(녀)도 자신이 남자라 알고 남자 친구들과 어울리며 청소년기를 보냈다. 그러나 아무래도 자신이 친구들과 다르다는 사실을 느꼈다. 성적 취향도 동성애적이었다. 그러다가 열여덟 살이 되던 해에 병원을 찾은 그(녀)는 의사의 충고에 따라서 큰 음핵을 제거하고 여자가 되었다. 공식적으로 여자로서 살기로 한 것이다.

그러나 성 정체성과 성적 취향의 문제는 수술로 해결되지 않았다. 나중에 정소를 제거하는 수술을 받았지만 사정은 크게 나아지지 않았다. 그녀는 성적 쾌감을 느끼지 못했다. 그리고 평범한 일상을 지탱할 수 없을 정도로 극심한 우울과 절망에 빠졌고, 급기야는 자살까지 시도했다. 나중에야 그녀는 이 모든 고통의 원인이 음핵 제거에 있다는 사실을 깨닫게 되었다. 훗날 그녀는 간성의 인권 회복을 위해 북미간성협회를 창설한다. 다시는 자신과 같은 희생자가 있으면 안 된다고 생각했던 것이다. 그녀는 만약 음핵(음경)을 제거하지 않고 태어난 대로 간성으로 살았으면 풍요롭고 행복한 삶을 살았을 것이라고 생각했다.

여자나 남자 중 하나의 성으로 수술을 받지 않고 간성으로서 살 수 있는 사회적 분위기가 조성되어 있었다면 열여덟 살의 나이에 음핵을 제거하는 수술을 받을 필요가 없었을 것이다. 그녀는 다양한 매체와 강연 등의 활동을 통해 양성성의 편견을 비판하면서 간성의 고유한 권리를 주장했다. 문제는 간성으로 태어났다는 사실에 있지 않다. 간성을 비정상적인 성으로 바라보는 사회적 편견에 모든 문제의 원인이 있는 것이다.

체릴 체이스의 사례는 섹슈얼리티에 대해 다음과 같은 문제를 제기한다. XX나 XY의 염색체가 성적 취향이나 역할을 결정하는 것일까? 아니면 앞서 엘리스의 주장처럼 타고난 생리적 성과 무관하게 양육 환경이 그러한 성적 정체성을 만드는 것일까?

1960년대에는 과거에 섹슈얼리티를 자연의 산물로 간주했던 전통에 대한 반발로 그것은 자연이 아니라 문화라는 이론이 제기되었다. 이와 관련된 사례로 존/조안John/Joan이 있다. 1966년에 남아로 태어난 데이비드 라이머David Reimer는 생후 7개월 때 포경 수술 도중 의사의 실수로 음경이 절단되는 사고를 당했다. 부모는 혼비백산했다. 해결책을 찾아 고민하다가 그들은 당시 저명한 비뇨기과 의사였던 존스 홉킨스 대학의 머니John Money에게 아들을 맡겼다. 머니는 섹슈얼리티는 타고나는 것이 아니라 양육 환경에 따라서 바뀐다고 확신하는 의사였다. 그는 신생아는 성적으로 중성적이라고 생각했다. 그는 부모에게 데이비드를 여자로 키우는 것이 좋겠다고 하면서 그를 여자로 만드는 수술을 권유하고, 부모의 동의를 받아 수술을 진행했다. 절단된 음경을 복원하는 수술보다 여자로 만드는 수술이 훨씬 용이하던 시절이었다. 남성호르몬을 생산할 고환도 제거했다. 그리고 부모에게 임신만 불가능할 뿐 아이는 '정상적인 여자'로 자랄 수 있다고 했다. 수술 뒤 데이비드는 브렌다Brenda가 되었다.

처음에는 모든 것이 성공적이었다. 어린 시절의 사고를 기억하지 못하는 브렌다는 자기가 원래 여자로 태어난 것으로 알고 그렇게 살았다. 그러나 성장하면서 그녀에게서 '남성적인 성향'이 나타나기 시작했다. 그녀는 남자처럼 걸으며, 남자처럼 서서 소변을 보고 동성의 여자를 성적으로 좋아했다. 결국 도저히 여자로 살 수 없다고 판단한 그녀는 1980년에 유방을 제거하는 수술과 음경을 복구하는 수술을 받고 (다시) 남자 존John이 되었다. 결혼도 했다. 그렇지만 결혼 생활은 행복하지 않았다. 우울과 좌절의 세월을 살던 그는 2004년에 자살로 짧은 생을 마감하고 말았다. (머니 박사는 이 사례를 출판하면서 데이비드 라이머를 존/조안 이라는 이름으로 불렀다.)

존/조안의 사례는 양육보다 본성(타고난 성)이 더욱 중요하다는 사실을 증명한다. 그런데 이 사실을 뒤집는 사례가 또 있다. Z라는 익명의 남자(여자) 사례다. 원래 남아로 태어난 Z는 존/조안과 마찬가지로 음경이 절단되는 사고를 당한 후 여자가 되는 수술을 받았다. 성장하는 과정에서 '남성적 성격'을 보이긴 했지만, 존/조안과 달리 성인이 되어서도 Z는 여자로 살아가는 데 별 어려움을 느끼지 못했으며 많은 남자들과 연애도 했다. Z는 힘든 육체노동을 좋아하기도 했다. 그러더니 스물여덟 살 때 레즈비언으로 전향했다. Z의 경우는 본성과 양육이 동시에 영향을 미치는 사례가 되었다.

이런 사례들은 섹슈얼리티가 양성성의 논리처럼 단순하지 않다는 사실을 말해준다. 여러 요소와 변수들이 결합해서 복합적으로 섹슈얼리티를 구성하는 것이다. 체릴 체이스는 성전환 수술 전이든 후이든 XX 염색체로 유전자를 생각하면 의심의 여지가 없이 여자다. 그렇지만 유전자가 성적 취향이나 역할, 정체성 등 모든 것을 결정하지는 않는다. 존/조안은 성전환 수술 후에도 자신이 남자라고 생각하고 남성적인 성적 취향을 가지고 있었지만, 그와 똑같은 수술을 받았는데 여자의 성 정체성을 가지고 있으면서 동성애적인 취향을 가진 Z도 있다. 섹슈얼리티에는 유전자, 해부학적 구조, 정체성, 성적 취향, 사회적 성역할 등 수많은 요소가 한꺼번에 관여하는 것이다.

간성은 우리가 보편적으로 알고 있는 남자와 여자라는 양성의 관념이 지나친 단순화라는 사실을 알려준다. 자연은 양성으로 딱 부러지게 구분되어 있지 않다. 환경의 변화에 따라서 수시로 성이 바뀌는 동물도 있다. 인간의 경우에도 천 명에 17명이 간성으로 태어나지 않는가. 남자와 여자로 태어난 사람들도 생식기와 성적 취향에 있어서 엄청난 다양성을 보인다. 성별기준표는 자연적 기준이 아니라 인위적인 규범이다. 신생아의 음경이 2.5센티미터 이상이어야 한다는 기준과 여아의 음핵은 1센티미터 미만이어야 한다는 기준은 자연의 섭리가 아니라 사회적 합의와 규범인 것이다. 말하자면 섹슈얼리티는 구분 짓고 분류하고 구획하고 범주화하는 작업과 뗄 수 없는 관계에 있다.

 '양성인가? 다성인가?' 하는 질문에 대한 대답은 범주화의 방식에 달려있다. 심리학자들이 즐겨 사용하는 용어로 도식schema이 있다. 토끼와 오리 실험이 그 한 예다. 똑같은 그림도 토끼라 생각하고 보면 토끼로 보이고 오리라 생각하고 보면 오리로 보인다. 색상도 마찬가지다. 유채색에 대한 관념이 없고 흰색과 검은색이라는 무채색밖에 모르는 사회가 있다고 하자. 그런 사회에서는 세상의 모든 색상이 흰색 아니면 검은색으로 이분되게 마련이다. 그러나 색에 민감한 화가에게는 10가지, 20가지, 아니 100가지의 색으로 보이게 된다. 색깔의 숫자는 자연적으로 주어지는 것이 아니라 분절의 방법에 따라서 달라지는 것이기 때문이다. 성도 마찬가지다. 남자와 여자라는 두 개의 도식을 가지고 바라보면 남자와 여자, 두 개의 성밖에 없다. 그러나 다성의 도식으로 바라보면 많은 성이 보인다.

 20세기 후반에는 성해방 덕분에 섹슈얼리티가 양성적 모델에서 점차 다성적인 모델로 바뀌기 시작했다. 성의 다성적 전환은 성감대의 복수성이나 동성애와 연결된다. 성이 다양하다면 두 사람의 다양한 결합도

역시 가능하다. 성감대가 단수인가? 아니면 복수인가? 성감대의 부위
는 어디인가? 이성애자와 달리 남자 동성애자에게 항문은 성행위의 중
심을 차지한다. 그에게는 항문도 성기가 되는 것이다. 마찬가지로 성감
대가 음경이나 질에만 집중되어야 하는 것은 아니다. 성감대가 질과 음
핵, 가슴, 입술 등 온몸에 산포되어 있으면 안 되는 것일까? 정상적인 성
감대란 무엇인가? 1960년대 후반의 성해방은 이런 질문에 대답하려고
노력했다. 결론을 말하자면 성해방은 정상과 비정상의 구분을 폐지했
다. 과거에 비정상으로 간주되었던 다양한 섹슈얼리티와 성감대, 성행
위가 비정상의 굴레를 벗게 된 것이다.[169]

여자들이여, 즐겨라

20세기 중반까지만 하더라도 여자들이 성에 대해 이야기하는 것은 품
위가 없고 저속한 일이었다. 성이란 모르면 모를수록 좋은 것이라고 여
겨졌다. 특히 경제적으로 여유가 있는 중산층 이상의 부모들은 딸이 성
에 눈을 뜨지 못하도록 최선을 다했다. 성은 금기어 일순위로 수치스러
운 것이었다.

1960년대의 성해방은 이처럼 무지의 장막에 갇혀 있던 성의 빗장을
활짝 열어놓았다. 갑자기 성적 자유와 쾌락이 만인의 입에 오르내리는
주제가 되었고, 여성이 성의 주체로서 목소리를 내기 시작했다. "1970년
대 이후로 여성도 성적 판타지를 가지기 시작했다."[170]라는 주장은 성
해방의 핵심이다. 수동적으로 '당하는' 대상이었던 여성이 능동적으로
'하는' 주체로서 자신을 주장하게 된 것이다. 여성도 미지의 세계를 찾
아 떠나는 탐험가처럼 지금껏 탐사되지 않은 성적 쾌락을 시도하기 시

작했다. 이런 탐험을 도와주는 섹스 가이드도 쉽게 구할 수 있게 되었다. 당시 유명했던 가이드북으로 루번David Reuben의《섹스에 대해서 언제나 알고 싶어 했지만 감히 묻지 못했던 것들Everything you wanted to know about sex but were afraid to ask》이 있다. 이 책은 54개국의 언어로 번역되고 1억 5천만 권 이상 판매되었다.

잡지 〈코스모폴리탄〉의 편집장이 된 헬렌 브라운Helen Brown은 1962년에《섹스와 싱글녀Sex and the Single Girl》라는 미혼녀의 성생활을 주제로 삼은 책을 출간했다. 제목 자체가 이전에는 생각할 수 없는 것이었다. 미혼녀의 섹스를 표면에 내세운 것만으로도 충격적인 일이었다. 그런데 이 책은 출판과 동시에 대대적인 베스트셀러가 되었다. 당시 사회적 분위기가 어땠는지 알 만한 대목이다. 그녀는 다음과 같이 도발적인 주장을 내놓았다.

여자들이여, 즐겨라. 30세 전에는 아이를 가질 생각조차 하지 말아라. 아니 40세 전에도 아이를 가지지 말고 즐겨라.

결혼이나 임신에 얽매일 필요 없이 여자로서의 쾌락을 최대한 개척하고 활용하는 것이 현대 여성이 살아가는 올바른 방법이라는 것이다. 브라운은 그녀들을 코스모 걸Cosmo Girl이라고 칭했다. '믿어라!'나 '문화인이 되어라!'가 아니다. '즐겨라!'이다.

여자들은 어떻게 성을 즐길 수 있을까? 고대 그리스 이후로 강요되었던 수동적 역할을 벗어나 어떻게 능동적이고 적극적으로 즐길 수 있을까? 이것은 프로이트가 '검은 대륙'이라 불렀던 여성의 성과 오르가습에 관한 질문이었다. 빅토리아 시대에 여성은 집안의 천사이거나 장식용 인형처럼 살아야 했다. 그러나 이제 여성 앞에는 불감증과 인형의 역할에서 벗어나 쾌락을 개척하라는 과제가 놓였다.

어떻게 쾌락을 자기 것으로 만들 수 있는가. 그런데 쾌락의 주체화는 쉬운 일이 아니었다. 먼저 넘어야 할 장애물 가운데 하나가 남성중심적으로 규정되고 규범화된 쾌락의 메커니즘을 전복하는 일이었다. 남성중심적 메커니즘에 따르면 남자는 창처럼 적극적인 공격을 하고 여자는 방패처럼 수동적인 방어를 한다. 남자가 발기한 음경으로 공격하면 여자는 음문을 열고 환대해야 하는 것이다.

정신분석의 아버지인 프로이트도 남녀의 성적 역할을 공고화하는데 이론적인 기여를 했다. 그는 여자의 오르가슴은 질에 있다고 주장했다. 한 걸음 더 나아가 질에서 오르가슴을 느끼지 않는 여자는 정상적인 여자가 될 수 없다고도 주장했다. 그의 '유아성욕설'에 따르면 이유기가 지나면서 여아나 남아는 성기를 만지작거리면서 쾌감을 느끼는 기간을 보낸다. 이때의 성감대가 팰러스(음경과 음핵)다. 여기에서 팰러스는 공격적이며 능동적인 성욕을 말한다. 처음에는 여자도 남자와 마찬가지로 공격적이고 능동적인 섹슈얼리티를 가지고 있다는 것이다. 그런데 계속해서 팰러스와 음경을 동일시하는 남자와 달리 여자는 오이디푸스 콤플렉스 단계를 거치면서 성감대를 음핵에서 질의 자리로 전환한다. 안타깝게도 팰러스와 음핵의 동일시를 포기해야 하는 것이다. 프로이트는 그러한 동일시를 포기하지 않는 여자는 정상적인 이성애자가 되지 못한다고 보았다. 팰러스와의 동일시를 고집하는 여자는 자기가 무의식적으로 남자인 줄 알고 여자에게 성적 매력을 느끼는 레즈비언이 된다고 했다.[171] "어린 시절에 가지고 있었던 소년적 성질이 살아있는 것이다."[172] 프로이트에게 있어서 정상적 성행위는 기나긴 순례의 종착지다. 순례의 길에는 목적지에 도달하지 못한 사람도 많다. 성숙한 성충동, 정상적인 성충동은 일종의 성취인 셈이다.[173]

그런데 프로이트의 주장처럼 여성은 과연 질에서 쾌감을 느끼는 것일까? 프로이트는 남자에 비해서 여자가 양성적인 성향이 훨씬 강하다고 주장했다. 성감대가 질과 음핵, 두 군데이기 때문이다.[174] 그런데 질이 쾌감의 기관이라면 남편와 삼자리를 하는 대부분의 여자들이 왜 불감증에 걸리는 것일까? 프로이트의 이론은 여성의 불감증을 설명하지 못한다. 그리고 여성을 흥분시키기 위해서 음핵(잣알이나 혀tongue라는 이름으로 불렸다.)을 자극하던 과거의 민간 성지식과도 배치되는 이론이다.

영국에서는 《아리스토텔레스의 역작Aristotle's Masterpiece》이라는 이름의 성교육서가 1684년에 출판되었다. 일반인은 성에 대한 지식을 얻기 위해 이 책을 찾았다.[175] 이 책은 유대인 여자가 서로 음핵을 자극함으로써 오르가슴에 이른다는 사례를 들면서 음핵이 여성의 오르가슴에 필수적이라고 명시하고 있다. 그런데 1857년에 생긴 외설물출판법 obscene publications act은 이 책을 외설물로 분류함으로써 판매를 금지했다. 심지어 여자의 발목이 보이는 그림도 검열의 대상이 될 정도였다. 이렇게 금욕적인 분위기에서 19세기와 20세기 초반의 여성은 음핵이나 성감대에 대해서 알 수가 없었다.

프로이트의 질 오르가슴을 정면으로 반박한 책으로 1966년에 출간과 더불어 베스트셀러가 된 《인간의 성적 반응Human Sexual Response》이 있다. 저자인 매스터스William Masters와 버지니아 존슨Virginia Johnson은 여성 오르가슴의 위치가 질이 아니라 음핵이라고 주장했다. 이것은 남자들에게 충격적인 주장이었다. 남편과 삽입성교하는 것만으로는 아내가 오르가슴에 이를 수 없다는 말이기 때문이다. 음핵 오르가슴에 대한 매스터스의 주장은 실증적으로도 입증이 되었다. 불감증여성의 70퍼센트가 음핵을 애무함으로써 오르가슴에 이르렀다는 연구결과가 나왔던 것이다. 그렇다면 남편과의 성행위가 만족스럽지 못하다고 해서 성적 쾌감을 포기하는 것은 어리석은 일이 된다. 남편 없이 자위하면서 오르가슴에 이를 수 있기 때문이다. 남편이 마땅치 않다면 자기 자신과 성생활을 할 수 있지 않은가!

당시 미국을 떠들썩하게 만들었던 포르노 영화 〈목구멍 깊숙이Deep Throat〉는 주인공 러브레이스의 오르가슴을 향한 탐험을 주제로 한다. 주인공은 한 번도 오르가슴을 느껴보지 못한 여자다. 시행착오 끝에 마침내 그녀는 진정한 성감대가 목구멍이라는 사실을 발견하고 남자들과 구강성교를 하는 것으로 삶의 의욕을 되찾는다. 여기에서 '목구멍 깊숙이'는 무엇인가? 목구멍 깊숙이 있는 목젖은 음핵을 암시한다. 그것은 우회적으로 여성의 오르가슴이 음핵이라는 사실을 말하고 있다.

피임약이 여성의 성을 생식으로부터 해방시켰듯이 음핵 오르가슴의 발견은 여성의 성을 남성의 성으로부터 해방시켰다. 남성에 의존하지 않고도 자율적인 오르가슴이 가능해진 것이다. 그렇다고 과거에 자위를 하는 여성이 없었다는 것은 아니다. 성해방이 가져온 변화는 쉬쉬하면서 음성적으로 행해지고 수치스럽게 여겼던 것을 당당하고 떳떳한 행위로 격상시켰다는 데 있다. 라틴 아메리카의 작가 앙헬레스 마스트레타Ángeles Mastretta의 《내 생명 앗아가주오Arráncame la vida》에는 여주인공 카탈리나가 남자 친구에게서 느끼지 못했던 오르가슴의 비결을 집시 여인으로부터 전수받는 장면이 있다.

⟨목구멍 깊숙이Deep Throat⟩
–
주인공 러브레이스의 오르가슴을 향한 탐험은
음핵 오르가슴의 결정적인 선언이었다.

우리는 여기에 뭔가를 가지고 있지. 이걸로 느끼는 거란
다. 초인종이라고 부르는데 다른 이름도 많아. 남자랑 같
이 있을 땐 이곳이 네 몸의 중심이라고 생각해라. 여기서
모든 기쁨이 흘러나오거든. 여길 통해 생각하고 여길 통해
듣고 여길 통해 본다고 여겨야 해. 머리나 팔이 있다는 사
실은 잊어버리고 너 자신을 온통 여기에 집중시켜야 한다.
그럼 느껴지는지 안 느껴지는지 곧 알게 될 거다.

그날 밤 카탈리나는 언니 몰래 잠자리에서 이 비법을 실행한다. 그랬
더니 다음 날 아침 언니가 "네가 마치 숨이 넘어갈 듯 이상한 소리를 내
며 잠을 깨웠다."[176]라고 불평한다.

그런데 음핵 오르가슴은 단순한 쾌감 이상의 의미를 가지고 있다. 여
성의 자율적 오르가슴의 권리를 강조했던 세어 하이트Shere Hite의 《여
성 섹슈얼리티 연구A Nationwide Study of Female Sexuality》는 당시에 베스
트셀러가 되었다.[177] 자위는 남성중심주의에 대한 거부와 저항으로서
여성의 자유와 권리를 실천하는 일종의 독립선언이었던 것이다. 이러
한 분위기 속에서 1960년대 후반에는 진취적인 여성 사이에서 삽입성
교에 대한 거부와 저항이 하나의 유행이 되었다. 남자의 음경이 아니라
음핵! 대세는 자위나 레즈비언이었다. 삽입성교를 좋아하는 여자는 여
성 내부의 일탈자이며 배반자로 간주될 지경이었다.[178] 이와 더불어 과
거에는 길면 짧게 절개해야 했던 음핵의 운명도 바뀌기 시작했다. 길면
길수록 좋은 것이다. 심지어 음핵확대수술을 받는 여자들도 생겨나게
되었다.

여성의 오르가슴에 대한 다양한 실험은 지 스팟G spot과 여성 사정

射精이라는 새로운 성감대의 발견을 가져왔다. 성감대가 더 많아진 것이다. 발견자인 에른스트 그레펜베르크Ernst Gräfenberg의 이니셜을 따서 지 스팟이라 명명된 이 성감대는 질 입구의 벽에 위치한 것으로, 음핵에 못지않게 강렬한 성적 쾌감을 준다고 한다. 그것이 자극되면 땅이 꺼지는 듯한 오르가슴을 경험한다는 여성의 증언이 잇따랐다. 매스터스와 버지니아 존슨의 음핵 오르가슴에 미지의 신대륙이 하나 더 추가된 것이다.

그러나 아직도 지 스팟의 정체에 대해서는 의학적인 논란이 끊이지 않고 있다. 이와 같이 성적 쾌락을 실험하는 분위기에 편승해 항간의 소문으로만 떠돌던 여성 사정이 수면 위로 떠오르게 되었다. 절정의 순간에 남자처럼 성기에서 침대가 젖을 정도로 흥건하게 액체를 내뿜는 여자들이 있다는 것이다. 성해방 이전이라면 이러한 현상은 비정상적이고 비자연적이며 혐오할 만한 것으로 간주되었을 것이다. 그러나 이제 그것은 남자와 다른 여성의 특권으로서 환영받게 되었다.

음핵이 여성 오르가슴의 가장 중요한 기관인 것은 의심의 여지가 없다. 그렇지만 과연 매스터스와 버지니아 존슨의 주장처럼 질 오르가슴은 존재하지 않는 것인지에 대해서는 다양한 의견이 있다. 미국의 경우에 여성의 70~80퍼센트는 음핵이 자극되지 않으면 오르가슴을 느끼지 못하는 것은 사실이다. 성기의 신경근육 중 90퍼센트가 집중되어 있는 음핵은 자극에 극도로 민감하게 반응한다. 그렇지만 급진적 페미니스트로 알려진 안네 코트Anne Koedt는《질 오르가슴이라는 신화The Myth of the Vaginal Orgasm》에서 오르가슴의 기관을 질과 음핵으로 분리하는 것은 잘못된 것이라고 주장했다. 질이 곧 음핵이라고 주장하는 의학자도 있다. 음핵과 질이 연결되어 있다는 것이다.

성적 쾌락을 실험하면서 얻은 커다란 수확은 무엇보다도 여성이 자신의 몸에 대해 적극적인 관심을 가질 수 있게 되었다는 사실이다. 여성은 자신의 성을 부끄러워하면서 음경을 선망하는 존재라는 프로이트의 남근선망설penis envy은 더 이상 유효하지 않다. 소년들이 바지를 내리고 자랑스럽게 오줌발 경쟁을 했던 음경은 음핵 오르가슴 앞에서 불필요한 것이 되었다. 여성이 성행위에서 보다 많은 쾌감을 얻기 위해서는 성의 생리학적 특징과 해부학적 구조에 대해 잘 알아야 했다. 이런 여성의 요구를 충족시키고 성에 대한 지식을 제공하는 책들이 서점에 깔리기 시작했음은 물론이다. 여자들이 서점에서 오르가슴이나 자위의 방법에 대한 서적을 뽑아서 책장을 넘기는 것은 더 이상 창피한 일이 아니게 되었다.

여성의 음부가 감춰야 하는 수치스러운 대상이 아니라 앎의 대상이 되면서 그것의 심미성에도 관심이 쏠리기 시작했다. 어떻게 하면 음부를 아름답게 가꿀 수 있을까? 제모한 음부가 보기에 좋고 건강에도 도움이 될까? 피어싱을 하는 것은 어떨까? 귀에 귀걸이를 할 수 있다면 음핵에는 음핵 고리를 못 할 이유가 없지 않은가? 음부를 보석으로 장식한 다이애나Princess Diana 피어싱이 유행하기도 했다. 순간적으로 따끔한 통증을 참고 피어싱을 하면 음핵의 성감대가 더욱 예민해진다는 광고도 등장했다. 1996년에 〈버자이너 모놀로그Vagina Monologue〉가 연극으로 공연되기 시작한 것도 이러한 분위기의 반영이었다.

여자만이 성기를 장식한 것은 아니었다. 남자도 성기를 장식하기 시작했다. 여자에게 다이애나 피어싱이 있다면 남자에게는 앨버트 피어싱이 있었다. 처음에는 남성 동성애자 사이에서 유행했던 피어싱이 나중에는 이성애자에게도 확산되기 시작했다. "자아自我가 피어싱 자아가 되었다."-179라는 말도 있었다. 남녀에게 성기가 탐미적인 장식의 대상이 된 것이다. 〈펜트하우스Penthouse〉와 같은 포르노 잡지가 이런 유행을 주도했다. 처음으로 음모가 노출된 모델이 포르노 잡지에 등장한 것은 1960년대였다. 그러더니 1980년대 후반부터는 제모된 음부나 하트 모양으로 제모된 음부도 등장하게 되었다. 성기도 투자의 대상이 된 것이다.

성해방은 성감대와 성행위의 다원화를 가져왔다. 정상적인 것으로 간주되던 남녀 성기의 결합 이외에도 수많은 결합이 가능해졌다. 성기와 입, 항문과 성기, 성보조기구와 성기 등도 정상적 성행위로 인식되었다. 정상과 비정상으로 구분되었던 성행위가 선택이 가능한 취향으로 바뀐 것이다. 1994년의 설문조사에서 3퍼센트의 젊은 여성이 경험했다고 대답했던 항문성교는 2004년에는 5.5퍼센트로 증가했다. 같은 시기에 20대 초반의 남성 경험자는 4.6퍼센트에서 15~34퍼센트로, 같은 또래의 여성은 2.4퍼센트에서 15~32퍼센트로 증가했다. 2004년에는 25~44세의 성인 남자는 40퍼센트가, 여자는 35퍼센트가 구강성교를 경험했다고 대답했다.-180

성해방이 전개되는 과정에서 동성애를 빼놓을 수 없다. 고대에 일반적 관행이었던 동성애가 중세에는 살인죄보다 더욱 엄한 처벌을 받았다는 것을 우리는 알고 있다. 아퀴나스는 동성애를 수간과 비슷한 반자연적 범죄the unnatural crime로 규정했다. 계몽주의 철학자인 칸트도 그것을 '자연에 거스르는 육체적 범죄'로 정의했다. 그리고 성이 의료화되었던 19세기에 동성애는 비정상적 성행위로서 전기충격요법 등으로 교정해야 하는 질병이 되었다. 이와 같이 동성애에 대해 적대적인 분위기는 2차 세계대전 직후까지도 팽배했다. 독일에서 히틀러는 반인륜적인

〈버자이너 모놀로그Vagina Monologue〉

–

1996년 첫 공연 이래 수많은 사람이
버자이너의 목소리에 귀를 기울이기 시작했다.

성행위의 뿌리를 뽑는다는 명목으로 5만 명의 동성애자를 산채로 매장하고 점령국의 동성애자 4만 명을 처형했다.[181]

2차 세계대전이 종료된 후 1950년대에 동성애자들은 인권단체를 설립하고 인간으로서 자신의 성적 권리를 요구하기 시작했다. 하지만 당시 그들의 목소리는 미미했다. 1957년의 여론 조사에 의하면 절대 다수의 시민은 동성애를 혐오스러워했다. 그러나 20년이 지난 후인 1977년의 조사에서는 3분의 2가 긍정적인 방향으로 선회했다.[182] '인종차별주의자'와 같이 '동성애 혐오자homophobia'라는 신조어도 생겨났다. 그것은 지나치게 성에 대해 진부하고 보수적인 사람을 지칭하는 유행어였다.

성해방이 대학으로 침투하면서 동성애를 보수적인 이성애에 대립하는 진보적 정치 행위로 바라보는 학생도 늘어났다. 이성애자 학생도 한 번쯤 실험적으로 동성애를 해보는 것이 자기 발전에 도움이 된다고 생각했다. "게이는 좋다!Gay is good!"라는 구호가 유행했던 배경이다.

동성애에 대한 우호적인 시각은 의학의 질병 분류표와 법에도 반영되었다. 처벌의 대상이었던 동성애가 범죄가 아니게 되고, 동성애를 정신적 질환으로 분류했던《정신장애의 진단 및 통계편람DMS》은 1973년에 색인어에서 동성애를 삭제했다. 개방적인 스웨덴은 1980년에 이성애자와 동성애자의 완전 평등법을 제정하고 동성애자의 동거와 동성애자 문화를 제도적으로 지원하기 시작했다.

여성의 동성애라고 해서 예외일 수 없다. 고대에 관행이었던 남자의 동성애와 달리 여자의 동성애는 역사의 수면 위로 떠오른 적이 없었다. 1929년에 출간한《자기만의 방A Room of One's Own》에서 버지니아 울프 Virginia Woolf는 3,000년에 이르는 장구한 서양문학의 역사에서 "클로이는 올리비아를 좋아했다."라는 문장이 한 번도 말해진 적이 없다고 했다. 울프가 이 말을 하던 당시 음성적이기는 하지만 파리나 베를린, 미국의 그리니치와 같이 개방적인 도시에는 레즈비언이 자주 출입하는 술집들이 있었다. 그러나 일반인은 그들의 존재에 대해 알 도리가 없었다. 설혹 알더라도 타락한 극소수의 파렴치한 짓 정도로 치부했다.

1948년에 발표된 킨제이 보고서는 이러한 상식이 얼마나 허황된 것인지 증명했다. 여성의 약 20퍼센트가 동성애 경험이 있으며, 대부분이 그 관계에서 오르가슴을 느꼈다는 사실이 밝혀졌다. 그러나 레즈비언이 자신의 성적 정체성과 권리를 공공연하게 주장할 수 있게 된 것은 1960년대 후반부터였다. 성해방의 열띤 분위기 속에서 여성이 가부장적 억압과 차별에서 벗어나기 위해서는 이성애를 거부해야 한다는 주장도 세를 얻었다. 이성애가 아니라 여성의 자매애를 추구해야 한다는 것이다.

급진적 페미니스트들은 1970년에 〈여성 동일시 여성The Woman Identified Woman〉이라는 선언문을 발표했다. "레즈비언은 폭발하기 일보 직전에 있는 모든 여성의 분노다." 레즈비언은 단순한 성적 취향이 아니라 정치적 강령이 되었다. "포괄적 의미에서 레즈비언적 관계는 자매애적 연대로서, 가부장제도가 여성을 남성의 성적 대상으로 취급하는 관행에 저항하는 방식"이었다.[183] 1970년대에 행해진 세어 하이트의 조사에 따르면 여성의 8퍼센트는 자신의 성적 취향이 동성애자라고 대답했으며, 9퍼센트는 양성애자라고 대답했다.

과거에 동성애자가 박해를 받았던 이유는 그것이 정상적인 성행위의 목적에 배치된다는 사실에 있었다. 생식이 없는 성적 쾌락 이외에 아무것도 아닌 순수한 섹스라는 것이다. 그러나 생식의 목적에서 독립하는 순간 성은 순수 쾌락의 새로운 경지를 개척하기 시작했다. 쾌락을 주기만 한다면 모든 유형의 성행위가 자유롭게 허용되는 것이다. 항문성교나 구강성교, 자위와 같은 것들도 아메리카노나 라테, 에스프레소처럼 취향에 따른 선택 사항일 따름이다. 현대사회에서 성은 취향이 되었다.

당신의 섹슈얼리티는
안녕한가?

20세기 중반에 세계를 휩쓸었던 성혁명은 인류의 문명부터 개인의 일상까지 구석구석에 지각변동을 일으켰다. 땅속 깊은 곳에서 꿈틀거리던 성욕의 마그마가 지상으로 분출하면서 남성적이던 지각에 여성의 성이 모습을 드러내고 포르노 잡지나 영화, 광고와 같은 선정물이 세상을 가득 채우게 되었다. 보이지 않던 성이 백일하에 모습을 드러낸 것이다. 오르가슴을 둘러싼 신비의 베일도 점차 벗겨졌다.

성혁명을 주도했던 베이비붐 세대는 섹스가 평화에 이르는 지름길이라는 신념을 가지고 있었다. 베트남 전쟁을 반대하는 반전 플래카드에는 "전쟁을 그만두고 사랑을 나누자.Make love, not war."라고 쓰여 있었다. 음악으로 당대를 대변했던 롤링스톤즈는 젊은이들을 향해 〈이 밤을 같이 보내자Let's Spend the Night Together〉라고 신흥종교의 교주처럼 외쳐댔다. 1962년의 비틀즈는 〈나를 사랑해줘요Love Me Do〉를 녹음했다. 여기서 한발 더 나아가 1968년에는 지미 핸드릭스의 음경 석고 모형을 홍보하면서 "전쟁을 하지 말고 음경의 모형을 본떠라.Make plaster, not war."라는 구호를 외쳤다. "당신의 고추는 안녕한가?Como Esta Your Schwantz?"라고 쓰인 티셔츠가 팔리기도 했다.

이제 빅토리아적으로 점잔 빼면서 섹스라는 말을 입에 담기 주저하는 사람들은 위선자로 매도되었다. 부끄러운 것은 성적 쾌감이 아니라 불감증이다. 불감증이라니! 성적 억압과 검열이라는 거추장스러운 구속복을 벗고 자유로운 섹스의 대열에 합류해야 했다. 일단 성의 억압이 풀리면 다른 모든 사회적, 문화적 억압도 풀릴 것이라고 마르쿠제Herbert Marcuse나 빌헬름 라이히Wilhelm Reich와 같은 예언자적 사상가들은 주장했다.

성이 해방되면 계시록적인 거대한 사회변화가 있을 것이라는 기대가 사람들의 가슴을 설레게 만들었다. 가령 라이히는 "성적 억압으로 시달리는 사람은 타인을 괴롭히며 즐거워하는 가학적 인물이나 히틀러와 같은 독재자가 된다."라고 주장했다. 프로이트와 달리 그에게 성적 억압은 문명과 문화 발달의 전제 조건이 아니라 권위주의와 가부장제라는 왜곡된 제도의 산물이었다.

성해방의 이론적 기초를 제공한 마르쿠제는 '억압이 없는 문명'을 지향하면서 그러한 목표는 성본능의 해방을 통해서 가능하다고 주장했다.⁻¹⁸⁴ 또 독일의 정치운동가인 디터 쿤첼만Dieter Kunzelmann은 1967년에 "오르가슴에 장애가 있는 내가 베트남 전쟁까지 신경을 써야 한단 말인가?What do I care about Vietnam? I have orgasm troubles."라고 말했다. 당시 오르가슴은 만병통치약처럼 보였던 것이다.

그런데 머지않아 기대는 실망으로 바뀌기 시작했다. 지하 동굴에서 밖으로 나온 섹스는 생각했던 것처럼 대단한 것이 아니었다. 라틴 계관시인이었던 호라티우스Horatius는 "세상이 떠들썩하게 태산이 용틀임했지만 거기서 빠져나온 것은 공룡이 아니라 생쥐 한 마리였다.泰山鳴動鼠一匹"라고 말했다. 단속하고 검열하며 억압하면 아무것도 아닌 것이 뭔가 대단한 것처럼 보인다. 니체는 아무리 신앙이 깊은 신자라 할지라도 신의 모습을 직접 두 눈으로 보면 실망할 것이라고 말했다. 실물을 보지 않으면 환상이 유지될 수 있다. 그러나 억압이 해제되고 자유로운 선택이 가능해지면 섹스도 테니스나 낚시, 여행, 요리와 커다란 차이가 없게 된다. 자유롭게 허용되는 순간 섹스는 이전의 모든 매력과 자극, 환상을 상실한다. 만일 통치자가 '섹스를 즐겨라!'라고 등을 떠밀면서 명령을 내린다면 섹스는 따분하고 지겹고 힘겨운 의무가 될 것이다. 완전히 허용되는 순간 섹스의 매력과 쾌감은 증발한다.

물론 편의점에서 생수나 초콜릿을 고르듯 섹스를 선택하고 즐기는 사회는 영원히 도래하지 않을 것이다. 그러한 미래가 바람직하지도 않다. 성해방을 잘못 해석하는 사람들이 흔히 범하는 오류 중 하나는 성을 섹슈얼리티가 아니라 좁은 의미의 성관계나 성행위만으로 바라보는 것이다. 정조대와 정반대의 방향으로, 아래를 해방하라는 의미로 받아들이는 것이다. 그러나 이러한 성의 해방은 진정한 의미의 성해방과 거리가 멀다.

성해방은 신체의 한 부분으로서 성기의 해방이 아니라 전인격적인 섹슈얼리티의 해방이다. 아래만의 성은 없다. 성은 정체성, 인격, 라이프스타일과 직결되어 있다. 1996년의 브로드웨이에서 초연한 이후 세계적으로 유명해진, 우리나라에서도 자주 공연되는 〈버자이너 모놀로그〉의 메시지도 버자이너의 해방은 곧 여성의 해방이라는 것이다. 그렇지 않다면 야한 복장의 자유를 요구하는 항의 시위 슬럿 워크slut walk나 나체 시위와 같은 정치 운동을 이해할 수 없을 것이다. 성매매자들의, 성매매도 당당한 노동이라면서 자신을 '성노동자'로 불러달라는 요구도 그러한 맥락에서 이해되어야 할 것이다.

"일상적인 것이 정치적인 것이다."라는 주장이 1960년대 이후 유행했다. 이때 일상적인 것들 중에서도 가장 일상적인 것이 성과 관련된 것이었다. 성해방이 정치적이라는 것을 보여주는 유명한 사례가 있다. 아도르노Theodor Adorno는 프랑크푸르트 학파의 이론가 가운데서 가장 탁월한 이론가였다. 1969년 4월 22일에 프랑크푸르트 대학 6호 강의실에서 그가 강의를 하고 있을 때였다. 갑자기 여학생 두 명이 교탁으로 달려와 웃옷을 젖히고 젖가슴을 내밀었다. 당황한 아도르노는 이 난처한 상황을 수습할 길이 없어서 강의실 밖으로 나갔다. 당시 그는 학생들로부터 보수적이라는 비판을 받고 있었다. 이 세계적인 석학을 침묵하게 만든 것은 주먹이나 폭탄이 아니라 옷을 벗은 여자의 나체였다. 그에게는 노출된 젖가슴이 폭력보다 더한 폭력이었다.

유방의 노출이 정치적으로 읽혔던 가장 유명한 사건은, 들라크루아Eugéne Delacroix의 〈민중을 이끄는 자유의 여신La Liberté Guidant le Peuple〉에 표현된 여성의 유방이었다. 모든 인간의 평등과 행복을 위해 인위적인 위계와 차별, 억압을 철폐하자는 프랑스혁명의 주장을 모성의 유방을 노출하여 보여준다. 최근에도 유방 시위는 계속되고 있다. 공공장소에서 수유를 금지하는 법에 항의하기 위해서 2005년 캘리포니아에서는 여성이 "유방은 폭탄이 아니다!Breasts not Bombs!"라고 외치며 모성의 권리를 주장했다. 인간은 옷을 벗으면 공격에 쉽게 노출되지만 바로 그러한 이유로 무기보다 더욱 강한 힘을 발휘할 수 있다.

그런데 성해방의 물결이 세계를 휩쓸고 지나간 지 반세기가 지난 지금, 프랑크푸르트 대학에서 여학생들이 시위한 것과 똑같은 일이 유럽이나 우리나라의 강의실에서 일어난다면 어떻게 될까? 1969년과 같은 정치적 효과를 거둘 수 있을까? 그렇지 않을 것이다. 당시 유럽을 먹구름처럼 짓누르던 성적 억압과 위선의 압력이 성적 노출을 정치적인 것, 저항적인 것으로 만들었다. 노출이 정치적 어젠다와 분명한 명분을 가

217

외젠 들라크루아,
〈민중을 이끄는 자유의 여신La Liberté Guidant le Peuple〉
-
모든 인간의 평등과 행복을 위해 모든 차별과 억압을 철폐하자는
프랑스혁명의 주장을 모성의 유방을 노출해 보여준다.

지지 않으면 선정적인 일회성 해프닝으로 끝나고 만다. 방송의 노출사고가 그렇다. 현대가 어느 시대인가? 시각문화의 시대, 비주얼의 시대, 노출의 시대가 아닌가. 성이 완전히 해방되면 원래 그것이 가지고 있던 전복성을 상실하고 제도권의 일부로 편입되는 것이다.

그렇다면 성해방은 진정으로 성을 해방시켰을까? 성의 해방이 아니라 성의 상업화를 가져왔다는 비판이 많다. 그리고 가시적인 페미니즘적 성과가 있기는 하지만 우리 세상은 여전히 남성중심적이라는 비판도 만만치 않다. 현대는 성의 상업화를 빼놓고는 문화를 논할 수 없을 정도로 성은 일상에 깊숙이 침투되어 있다. 정치가 성에 먹혔다고 말해야 옳을 것이다.

1990년대 초반을 뜨겁게 달구었던 쟁점으로 프랜시스 후쿠야마 Francis Fukuyama의 역사의 종말 테제가 있다. 자유와 풍요가 실현된 나라는 숙제를 다 마친 학생처럼 즐기는 것 이외에 더 이상 할 일이 없다는 것이다. 이때 역사는 바통을 성에게 물려줄지 모른다. 20세기 초반 유럽을 충격에 빠뜨렸던 마거릿 미드의 저서 《사모아의 청소년》에 묘사된 사모아섬 사람들은 역사를 만들지 않는다. 그래서 성적 억압도 없다. 일하고 먹고 놀고 즐기는 것이 삶의 전부다.

그런데 과연 우리가 성해방의 열매를 즐기고 있는 것일까? 만일 그렇다면 왜 포르노물이 성적으로 억압되었던 과거보다 더욱 극성을 부리는 것일까? 포르노 중독자나 성 중독자는 왜 생겨나는가? 왜 밤에도 홍등가와 환락가는 불야성을 이루는 것일까? 그리고 왜 성폭력과 성희롱은 점점 더 늘어만 가는 것일까?

앞서 말했듯이 모든 사람이 원하는 만큼 성행위를 즐기는 것은 성해방이 아니다. 성적 만족이 우리를 평화주의자로 만든다는 주장은 지나치게 단순한 환원 논리다. 성적 욕망은 본질적으로 만족될 수 없기 때문이다. 예이츠가 역사상 가장 뛰어난 성행위의 묘사라고 극찬한 구절의 작가가 루크레티우스Titus Lucretius다. 그는 다음과 같이 표현했다.

> 이렇게 서로를 소유하는 동안에도 연인들의 열정은 불확
> 실성 속에서 솟구치며 방황한다. 욕망의 대상을 강하게 움
> 켜쥐면서 육신에 고통을 가져오고, 상대의 입술에 이를 들
> 이대면서 서로의 입을 거칠게 부딪친다.

연인들은 일심동체로 서로를 소유하면서도 여전히 만족하지 못하는 것이다. 연인이 가장 가까이 결합한 순간에도 두 사람 사이에는 좁혀지지 않는 거리가 있다. 욕망은 만족되기 무섭게 불만족으로 바뀌는 것이다. 아우구스티누스도 《고백록》의 3장에서 "더욱더 욕망을 욕망하지 않으면 내 자신을 증오하게 된다."라는 욕망의 악순환을 고백했다. 동물들은 발정기만 지나면 언제 그랬느냐는 듯이 성에 대한 모든 관심을 잃는다. 사랑에 유통기간이 있는 것이다. 그러나 딱히 발정기가 없는 인간에게는 365일이 발정기다.

성해방이 가져온 부작용 중 하나는 현대인이 무한한 욕망의 순환에서 벗어날 수 없게 되었다는 것이다. 욕망은 내가 가지고 즐길 수 있는 귀중한 것을 하찮은 것으로 만들어버리는 마법의 지팡이다. 《오디세이아》에서 키르케는 마법의 지팡이로 선원들을 돼지로 만들어버리지 않았던가. 욕망의 언어는 '더욱더!'이다. 더욱더 아름답게, 더욱더 야하게, 더욱더 강하게…… 그러면서 세계가 성적 과잉으로 몸살을 앓게 되었다. 이것은 성욕에 대한 현대인의 태도에 잘 반영되어 있다.

19세기까지만 하더라도 과도한 성적 상상력이나 욕망은 의사의 치료가 필요한 질병으로 간주되었다. 현대인은 정반대의 상황에 처해 있다. 성적 욕구가 없는 사람은 의학적 치료의 대상이 된다. 1979년에 헬렌 카플란은 그것을 성욕장애disorders of sexual desire라고 불렀다. 성적 결여가 아니라 과잉이 정상이다. 과잉을 부추기는 것이 시각문화다. 키르케의 마법 지팡이가 현대에는 영화와 텔레비전이 되었다. '세상에서 가장 예쁘다'라고 여자 친구에게 고백했어도 그녀를 로맨틱한 영화의 여주인공과 비교하는 순간 갑자기 초라하게 보인다. 그렇게 초라해진 여자 친구는 예뻐지기 위해 성형외과를 찾는다. 포르노의 남자 주인공에 비하면 나의 음경은 너무 작아 보인다. 평균보다 작은 음경을 가진 남자들이 상대적 열등감을 감추기 위해 음경확대수술을 받는다는 것은 잘 알려진 사실이다. 멈출 수 없는 욕망의 순환으로 우리는 손에 있는 것을 즐기지 않고 없는 것을 욕망한다. 그리고 이와 같이 불가능한 욕망을 유혹하는 것이 문화 산업과 미용 산업이다.

그럼에도 불구하고 성해방은 역사상 전례 없는 성적 자유와 기쁨을 우리에게 가져왔다. 우리의 몸은 먹고 일하고 잠을 자는 생존 기관이기도 하지만 동시에 성감대다. 성해방은 하나뿐일 수도 있었을 성감대를 다원화하는 위업을 달성했다. 무엇보다도 비정상적이며 부도덕한 성으로 비난의 대상이었던 동성애가 다원적인 섹슈얼리티 중 하나라는 사실을 확인해주었다. 그리고 간성은 예외적 변종이 아니라 예외적으로 풍요로운 성의 소유자라는 사실도 알려주었다. 더불어 트렌스젠더나 트렌스섹스도 우리와 같은 성 공화국의 똑같은 시민이라는 사실도 알게 되었다.

성은 옳고 그름이나 선과 악의 차원이 아니라 취향과 정체성의 차원에서 이해되어야 하는 것이다. 과거에 기독교의 영역에 속했던 섹슈얼리티가 지금은 정신분석과 심리학, 사회학, 페미니즘의 영역으로 소속변경을 한 것이다. 진리와 거짓, 도덕과 부도덕을 구별하지 않으면 기독교가 아니다. 이것이 기독교가 이른바 부도덕한 성행위를 잔혹할 정도로 무자비하게 탄압했던 이유다. 그러나 현대의 심리학과 페미니즘의 품에 안긴 섹슈얼리티는 진리와 거짓을 모른다. 그것이 알고 있는 것은 행복과 불행, 혹은 만족과 불만족이다. 너무 세속적이며 쾌락주의적인 가치라고 생각할 수도 있다. 그러나 단식하고 고행하는 것으로 모자라서 몸에 채찍질까지 하며 성욕을 다스려야 했던 중세보다는 이런 세속화된 현재가 바람직하지 않은가.

그러나 성해방을 너무 성적 쾌락의 경제로만 바라보게 되면 그것이 가진 정치성이 무시되기 쉽다. 앞서 말했듯이 성은 정치적이다. 특히 특정한 성적 행동이 옳고 그름, 정상과 비정상, 적법과 불법으로 분류되는 순간에 그것의 정치성은 폭발적으로 가시화된다. 그러한 성의 정치성을 극적으로 보여주는 유명한 사건이 1993년 6월에 발생한 성기 절단 사건이다. 남편의 성적 학대와 폭력을 참고 견디다가 분노가 폭발한 로레나Lorena Bobbitt는 자신을 강간한 후 잠이 든 존John Wayne Bobbitt의 음경을 부엌칼로 잘라서 길가에 내버렸다. 충동적으로 일을 저지른 그녀는 경찰에게 전화를 했고, 경찰로 송치되었다. 처음에 그녀는 유죄판결을 받는 듯이 보였다. 만약 그녀가 폭행을 당했다면 몸에 상처가 있어야 하는데 그러지 않았기 때문에 폭행의 피해자로 인정할 수가 없다는 것이 이유였다. 그러나 그것이 순간적인 광기에 의한 정당방위였다는 사실이 인정되어 그녀는 무죄로 방면되었다.

이 사건은 그동안 어둠 속에서 자행되었던 부부강간을 공적 관심과 논쟁의 수면 위로 끌어올리는 계기가 되었다. 대중매체가 이 성기절단 이라는 전례 없는 사건을 대서특필하면서 로레나는 일약 유명인이 되었다. 그녀의 이름은 '남편의 성기를 절단하다'라는 의미의 동사가 되었다. 실제 1996년에 어떤 아르헨티나 여자는 자기를 떠난 남자 친구에게 복수하기 위해 친구를 시켜서 그의 성기를 자르게 했다.[185] 그러나 이것은 단순한 신체적 폭력일 뿐 정치적 의미를 갖지 않는다. 로레나의 사건 이 정치적인 이유는 그것이 부부폭행을 표면화시키고, 상간의 개념을 새롭게 정의하도록 만들었다는 데 있다. 로레나 사건 이전에는 부부끼리는 강간의 가해자나 피해자가 될 수 없었다. 그러나 이제 남편과 아내의 성행위도 자기 결정권이나 쌍방 합의가 무시되는 순간에 강간으로 정의되기 시작했다.

성 정치 변화의 또 다른 예는 성희롱이라는 용어의 등장이다. 1970년대에 출현한 성희롱이라는 용어는 전통적인 남녀관계의 지형을 혁명적으로 변화시키는 역할을 했다. 전통적으로 남자는 나약한 성으로 간주된 여자를 어린아이 취급하는 경향이 있었다. 어깨를 두드리거나 머리를 만지기도 하고 귀엽다고 엉덩이를 만지작거리며 '여자가 그러면 안돼!'라는 식으로 훈계하는 일이 다반사였다. 이러한 행동은 성적인 행동이라기보다는 어른과 아이, 연장자와 연소자의 관계가 확대된 무성적 행동으로 인식되었다. 그런데 이제 그러한 행동의 성적인 정체가 폭로되기 시작했다. 무성으로 포장되고 약자에 대한 배려로 미화되었던 행동의 배후에는 음험한 남성의 욕망이 도사리고 있다고 말이다. 과거에는 설혹 당사자가 수치심을 느끼더라도 그것을 표현할 적당한 말이 없었다. 반발하거나 화를 내면 "사람이 정이 없다."라는 식의 비난이 되돌아오게 마련이었다.

용어가 생겨야 비로소 존재한다. 성희롱이라는 용어는 눈에 띄지 않았던 모든 성적 관행을 가시적으로 만들어 놓았다. 자신이 여자라는 사실을 불필요하게 의식하도록 만드는 언행이 성희롱의 대상이 된 것이다. 그런데 자신의 성을 의식하지 않고 행동하는 것이 과연 가능할까? 이 질문을 하는 이유는 성희롱이라는 개념이 현대인을 더욱더 성적인 존재로 만들었다는 사실을 지적하기 위해서다. 성이 정체성의 중심이 된 것이다. 이렇게 해서 성은 단순한 성이 아니라 현대적인 의미에서 섹슈얼리티가 되었다. 이때 섹슈얼리티는 해부학적인 남녀의 차이로는 환원될 수 없이 넓은 의미의 폭을 가지고 있다. 성희롱은 인격침해와 동의어가 아닌가! 성이 인격이 된 것이다.

성의 언어적 구분은 해부학이나 유전학이 아니라 윤리적이며 문화적인 문제다. "바보라고 부르면 정말로 바보가 된다."라는 말이 있다. 마찬가지로 장애인이라고 부르면 장애인이 되고, 비정상이라고 부르면 비정상이 된다. 성희롱이라는 개념이 등장하기 전에는 매우 모욕적인 언행도 괜찮은 것으로 간주되었다. 예쁘다고 머리를 쓰다듬어주는데 고마워하지 않고 화를 내는 여자는 성깔이 고약한 여자로 취급되었다. 우리가 A가 a라서 a라고 부르는 것이 아니다. a라고 부르면 a가 되기 때문에 a라고 부른다. 대상을 부르면서 대상은 물론이고 세상까지 변화시키는 것이다. 이것이 함부로 이름을 붙여서는 안 되는 이유다. 이름은 지극히 개념적이면서 실용적이고 이념적이면서 현실적이다. "이념이 현실이고 현실이 이념이다."라는 헤겔의 유명한 명제의 진정한 의미가 여기에 있다.

남녀 양성만이 정상이라면 그렇지 않은 성적 소수자는 자연의 실수를 교정하기 위해서 의학으로 다시 남자나 여자로 만들어야 한다. 성전환은 태어날 때 주어진 성을 포기하고 반대의 성으로 영구히 살기 위해 자신의 성을 바꾸는 수술이다. 이러한 성전환은 양성성을 진리로 전제하고 있다. 그러나 과학은 무엇이 정상이라고 우리에게 말해주지 않는다. 다성성이 진리라고 말하는 것은 과학이 아니라 우리의 윤리적인 목소리다. 우리는 그것을 양심의 목소리라고 말해도 좋을 것이다.

인간은 자신이 살고 있는 세계와 더불어 사는 타자를 이해하기를 바란다. 이해할 수 없고 헷갈리는 상태가 카오스라면 분명하게 이해된 상태가 코스모스다. 고대 그리스의 피타고라스는 코스모스가 장엄하고 아름답게 우주의 음악을 연주하고 있다고 생각했다. 단성성이나 양성성도 인간의 성을 카오스가 아니라 코스모스로서 이해하려는 노력의 결과였다. 그러나 코스모스의 가장자리는 카오스다. 카오스가 없으면 변화도 없다. 진화론은 어느 순간 침팬지가 돌연변이가 되지 않았더라면 현재의 인간은 존재하지 않았을 것이라고 하지 않는가. 카오스는 코스모스의 원리이기도 한 것이다. 카오스를 배제하면 권위주의와 귀족주의, 독재가 고개를 든다. 지금까지 인간은 사회적 질서와 조화, 이성, 도덕의 이름으로 성적 소수자를 배척하고 처벌했으며, 심지어 사형에 처하기도 했다. 그러나 자리를 바꿔서 카오스의 관점에서 바라보면 인간은 누구나 성적 소수자다. 성적 소수자가 성의 비밀과 진리를 말해주는 것이다. 성의 다문화주의가 다성성이다. 다성성은 과학이 밝히지 못한 섹슈얼리티의 비밀을 우리가 공존의 윤리로 해석하는 성적 실천의 이론이다.

1— Homer, 《The Odyssey》Tr. Robert Fitzgerald, New York: Anchor Book, 1963. 171-175. X, 165-170.

2— Pauline Schmitt Pantel Ed., 《A History of Women in the West Ⅰ: From Ancient Goddesses to Christian Saints》Tr. Arthur Goldhammer, Cambridge, Mass: Belknap Press of Harvard UP, 1992. 409.

3— 파울 프리샤우어, 《세계풍속사 Ⅰ》, 서울: 까치, 2000. 179.

4— 히포크라테스는 반대로 생각했다. 《여성의 질환Diseases of Women》에서 그는 피의 양이 여자가 남자보다 많기 때문에 남자보다 체온도 높다고 주장했다(Daniel H. Garrison, 《A cultural History of the Human Body Ⅰ》, In antiquity, Oxford: Berg, 2010). 《두산백과》의 '체온' 항목에 따르면, 인간의 정상 체온은 겨드랑이 온도로 36.9℃인데, 동양인이나 서양인이나, 남자나 여자나 거의 차이가 없다. 그러나 소아는 성인보다 약간 높은 반면 노인은 약간 낮은 경향이 있다. 여성은 월경 주기에 따라 체온이 변한다. 또한 시간에 따라 변화가 있는데 새벽 4~6시에 가장 낮고 저녁 6~8시에 가장 높으며, 그 차이는 1.0℃ 이내다.

5— Aristotle, 《The Works of Aristotle the Famous Philosopher》, Boston, MA: Indy Publish.com, 2006. 7쪽에서 재인용. Pauline Schmitt Pantel, 《A History of Women in the West I》. 68쪽을 참고하기 바람.

6— Pauline Schmitt Pantel, 《A History of Women in the West I》. 69. Aristotle, 《The Works of Aristotle the Famous Philosopher》. 15-16쪽 참조.

7— 필자가 문맥에 맞게 산문으로 풀었다. 박상진 번역의 《신곡》, 민음사, 25곡 49-51행을 인용한 것이다.

8— Foucault, 《The Use of Pleasure》. 126, 18.

"성행위 후에 몸에 힘이 빠지는 이유는 몸이 차가워진 데에 있다. 소중한 정액을 잃었기 때문이다." 중국의 성문화도 비슷한 관념을 가지고 있었다. 정액은 생명처럼 귀중한 것이기 때문에 될 수 있으면 자주 사정하지 않도록 조심해야 한다. 당시의 성담론에 따르면 남자는 봄에는 3일에 1회, 여름과 가을에는 한 달에 2회 사정이 바람직하지만, 추운 겨울에는 절대로 사정하면 안 된다. 겨울의 1회 사정으로 인한 양기의 손실은 봄보다 100배 크다고 믿었기 때문이다. 그런데 고대 그리스와 달리 중국은 성행위에서 분비되는 애액을 매우 소중하게 취급했다. "교접하는 동안 남자의 기력은 질의 분비물 속에 들어있다고 여겨진 여자의 기력을 통해서 보강되고 강화된다."라고 생각했기 때문이다(R. H. 반훌릭,《중국성풍속사: 선사시대에서 明나라까지》장원철 역, 서울: 까치, 1993. 183, 31).

9— 고대 그리스인은 자궁이 두 개의 입을 가지고 있다고 보았다. 하나는 아래에 있는 질, 다른 하나는 윗부분(소음순과 음핵)이다. 몸속을 돌아다니는 것은 윗부분으로, 특별한 향이 있는 약초를 질 근처에서 태우면 윗부분이 그 냄새에 이끌려 제자리로 돌아온다고 믿었다. 이것이 훈증소독법이다. 성행위를 통해서도 제자리로 돌아오게 할 수 있다(Daniel Garrison, Ed.,《A Cultural History of Human Body I》, Oxford: Berg, 2010. 117). 당시 또 다른 설명에 따르면 생리를 통해 남아도는 혈액이 밖으로 유출되지 않으면 자궁 내에서 혈액이 축적되어 히스테리의 원인이 된다. 그러나 성행위를 하면 막힌 자궁이 뚫리면서 정상적으로 생리를 하게 된다.

10— Linda Kalof Ed.,《A Cultural History of the Human Body Ⅱ, In the Medieval Age》, Oxford: Berg, 2010. 146.

11— 고대 그리스의 동성애에 대해 처음으로 학자들의 관심을 환기시킨 데는 영국의 유명한 고전학자인 케네스 도버(Kenneth Dover)의 저서《Greek Homosexuality》(1978)의 영향이 크다. 그렇지만 과연 아테네인이 동성애를 찬양했는지 아니면 그냥 관대하게 용인을 했는지에 대해서는 논란이 끊이지 않는다. 데이비드 핼퍼린(David Halperin)은 아테네인에게는 수동적인 역할을 하는 동성애자만이 비난의 대상이었다고 주장했다.《The Democratic Body: Prostitution and Citizenship in Classical Athens》, Differnces 2/1(1990): 1-27. 당시의 동성애가 가진 사회적 맥락을 이해하기 위해서는 아이스키네스(Aeschines)가 B.C 346년경에 쓴〈Against Timarchus〉라는 희곡을 읽어볼 필요가 있다. 이것은 동성애자 티머르쿠스(Timarchus)의 매춘에 대해 법정 공방을 벌이는 작품이다.

12 루이-조르주 탱,《시랑의 역시》이규현 역, 서울: 문학과지성사, 2010. 19.

13— Eve Sedgwick, 《Between Men: English Literature and Male Homosocial Desire》, New York: Columbia UP, 1985. 1-15.
한나 아렌트, 《인간의 조건》 이진우 역, 서울: 한길사, 1996. 2장.

14— Peter Brown, 《Body and Society》, New York: Columbia UP, 1988. 31.

15— 저메인 그리어, 《(아름다운 소년)보이》 정영문·문영혜 역, 서울: 새물결, 2004. 228.

16— Kenneth Dover, 《Greek Homosexuality》, Cambridge: Harvard UP, 1978. 91.

17— 공개되지 않은 사적 일기에서 자신의 동성애적 경험을 기록한 여자들이 있었다. 가령 19세기에 리스터(Anne Lister)라는 이름의 귀족은 일기에서 "나는 오로지 여자만을 사랑한다."라고 적었다. 그리고 레즈비언이 현재의 의미를 갖게 된 것은 1870년 이후였다. 그러나 20세기 초반까지도 여성 동성애자는 사포의 이름을 따서 사피스트(Sapphist)로 불리기도 했다. 그러다가 1920년 이후 레즈비언이라는 이름이 정착되었다. 고대의 여성동성애에 대한 연구서로 낸시 소킨 라비노위츠(Nancy Sorkin Rabinowitz)와 리사 아우안헤르(Lisa Auanger)의 《Among Women: From the Homosocial to the Homoerotic in the Ancient World》(Austin: University of Texas Press, 2002.)가 있는데, 두 편자는 고대 그리스와 로마의 도자기 그림을 분석해서 당시에도 여성의 동성애가 있었다고 주장했다.

18— Adrienne Rich, 《Compulsory Heterosexuality and Lesbian Existence》, Blood, Bread and Poetry: Selected Prose 1979-1985, London: Virago, 1987. 23-75.
윤조원, 〈페미니즘과 퀴어 이론, 차이와 공존: 테레사 드 로레티스, 이브 세지윅, 주디스 버틀러를 중심으로〉 영미문학페미니즘, Vol.17 No.1, (2009): 135-136.

19— Peter Brown, 《Body and Society》. 11.

20— 아놀드 하우저, 《문학과 예술의 사회사 I: 선사시대부터 중세까지》, 서울: 창작과 비평사, 1999. 1, 283.

21— 대린 맥마흔, 《행복의 역사》 윤인숙 옮김, 파주: 살림, 2008. 104.

22— Pauline Schmitt Pantel, 《A History of Women in the West II》. 23.

23— 쟝 루이 플랑드렝, 《성의 역사》 편집부 역, 동문선, 1994. 143-144.

24— Anna Clark, 《The History of Sexuality in Europe: A Sourcebook and Reader》, London: Routledge, 2011. 38.

25— Halvor Moxnes, 《Putting Jesus in His Place: The History of Sexuality in

Europe》, London: Routledge, 2011. 40-55.

26— Linda Kalof Ed., 《A Cultural History of the Human Body Ⅱ》. 73.

27— Pauline Schmitt Pantel, 《A History of Women in the West Ⅲ》. 323.

28— 스티븐 그린블랫, 《1417년, 근대의 탄생: 르네상스와 한 책 사냥꾼 이야기》 이혜원 역, 서울: 까치글방, 2013. 131.

29— Peter Brown, 《Body and Society》. 169.

30— Peter Brown, 《Body and Society》. 162.

31— Peter Brown, 《Body and Society》. 351.

32— Peter Brown, 《Body and Society》. 354.

33— Pauline Schmitt Pantel, 《A History of Women in the West I》. 411.

34— Pauline Schmitt Pantel, 《A History of Women in the West Ⅱ》. 34.

35— 아우구스티누스는 생식기와 성기를 구별하지 않았다. 논의의 편의를 위해서 필자가 만든 말이다. 생식기는 오로지 생식의 목적을 위해서 존재하는 기관이고 성기는 생식과 더불어 쾌락을 위해서도 존재하는 기관이다.

36— Peter Brown, 《Body and Society》. 70.

37— 여기에서 성행위는 두 종류로 나뉜다. '생식을 위한 성행위'와 '쾌락을 위한 성행위'가 그것이다. 자위를 포함해서 간음, 강간, 항문성교, 동성애와 같은 것들은 모두 음란(sodomy)의 범주에 포함되었다. Linda Kalof Ed., 《A Cultural History of the Human Body Ⅱ》. 64, 72.

38— Peter N. Stearns, 《Sexuality in World History》, New York: Routledge, 2009. 50-51.

39— Pauline Schmitt Pantel, 《A History of Women in the West Ⅱ》. 53.

40— Peter Brown, 《Body and Society》. 144.

41— 에두아르트 푹스, 《풍속의 역사 Ⅱ: 르네상스》 이기웅, 박종만 역, 서울: 까치, 1986. 243.

42— 에두아르트 푹스, 《풍속의 역사 Ⅲ: 色의 시대》 이기웅·박종만 역, 서울: 까치, 1987. 320.

43— 《프랑스 명시선》 김현·박은수 역, 서울: 동화출판사, 1972. 175.

44— 아놀드 하우저,《문학과 예술의 사회사 I: 선사시대부터 중세까지》. 276.

45— 루이-조르주 탱,《사랑의 역사》. 50-51.

46— 루이-조르주 탱,《사랑의 역사》. 50-51.

47— 아놀드 하우저,《문학과 예술의 사회사 I: 선사시대부터 중세까지》. 286-294.

48— 미시마 유키오,《가면의 고백》양윤옥 역, 파주: 문학동네, 2009. 48.

49— Diane Wolfthal,《Images of Rape: The 'Heroic' Tradition and Its Alternatives》, New York: Cambridge UP, 2000(1999).

50— Pauline Schmitt Pantel,《A History of Women in the West Ⅲ》. 97.

51— 움베르토 에코,《추의 역사》오숙은 역, 파주: 열린책들, 2008. 159.

52— 15~17세기에는 여성의 풍만한 배가 에로티시즘의 초점이었다. 그림 속의 여자가 옷을 입고 있는 경우에도 배 부분이 호박처럼 크고 동그랗게 보이도록 했다. 크게 그리면 그릴수록 더욱 성적으로 보였던 것이다. 그러다가 1690년에야 가슴이 에로틱한 대상으로 다시 각광을 받게 되었다. 프라고나르(Fragonard)나 부셰(Boucher), 들라크루아(Delacroix)의 그림에서 가슴은 에로티시즘의 중심이 되었다. Marilyn Yalom, 〈Seeing Through Clothes〉,《A History of the Breast》New York: Ballantine Books, 1997.

53— Pauline Schmitt Pantel,《A History of Women in the West Ⅲ》. 97-98.

54— 샤오 춘레이,《욕망과 지혜의 문화사전 몸》유소영 역, 파주: 푸른숲, 2006. 202.

55— 샤오 춘레이,《욕망과 지혜의 문화사전 몸》. 198.

56— 에두아르트 푹스,《풍속의 역사 Ⅱ: 르네상스》. 57.

57— Chiara Beccalossi and Ivan Crozier Eds.,《A Cultural History of Sexuality V, in the Age of Empire: [1820 to 1900]》, Oxford [u.a.]: Berg, 2011.

58— 에두아르트 푹스,《풍속의 역사 Ⅱ: 르네상스》. 39.

59— Pauline Schmitt Pantel,《A History of Women in the West Ⅲ》. 97-98.

60— Pauline Schmitt Pantel,《A History of Women in the West Ⅲ》. 96에서 재인용.

61— Bette Talvacchia Ed.,《A Cultural History of Sexuality Ⅲ, in the Renaissance: [1450 to 1650]》, Oxford [u.a.]: Berg, 2011. 100.

62— Jacques Barzun,《From Dawn to Decadence》, New York: Harper Collins, 2001. 17.

63— 에두아르트 푹스,《풍속의 역사 Ⅱ: 르네상스》. 131.

64— Bette Talvacchia Ed.,《A Cultural History of Sexuality Ⅲ》. 106.

65— Bette Talvacchia Ed.,《A Cultural History of Sexuality Ⅲ》. 108.

66— 에두아르트 푹스,《풍속의 역사 Ⅱ: 르네상스》. 113.

67— 슐람미스 샤하르,《제4신분, 중세 여성의 역사》최애리 역, 파주: 나남, 2010. 372.

68— Pauline Schmitt Pantel,《A History of Women in the West Ⅲ》. 647.

69— Anna Clark,《Desire: A History of European Sexuality》, London: Routledge, 2008. 71.

70— Bette Talvacchia Ed.,《A Cultural History of Sexuality Ⅲ》. 171-172.

71— Anna Clark,《Desire: A History of European Sexuality》. 68.

72— Bette Talvacchia Ed.,《A Cultural History of Sexuality Ⅲ》. 163.

73— Bette Talvacchia Ed.,《A Cultural History of Sexuality Ⅲ》. 166.

74— Peter Brown,《Body and Society》. 150.

75— Bette Talvacchia Ed.,《A Cultural History of Sexuality Ⅲ》. 37.

76— Bette Talvacchia Ed.,《A Cultural History of Sexuality Ⅲ》. 28.

77— Daniel Juan Gil, 〈Before Intimacy: Modernity and Emotion in the Early Modern Discourse of Sexuality〉. ELH 69.4 (Winter 2002): 861-887.

78— Peter Brown,《Body and Society》. 70.

79— Peter Brown,《Body and Society》. 97.

80— 영국에서 음핵(clitoris)이라는 용어가 처음으로 쓰인 것은 1615년에 크룩(Helkiah Crooke)의 《소우주서》라는 책에서였다. 이 용어는 소음순으로 덮혀있다는 의미에서 '닫혀있다' 혹은 '칼집'을 뜻하는 klieitoris에서 유래했다. kleis는 열쇠라는 의미다. 그것이 '만져서 자극하다'는 의미의 kleitoriazein에서 왔다는 설명도 있다.

81— 브르통,《근대성과 육체의 정치학》. 58.

82— 여기에서 필자가 염두에 두고 있는 근대 초는 르네상스 이후 17~18세기로, 계몽주의와 겹치는 시기다. 그리고 국가 형태에 있어서 근대국가 초기는

절대주의국가와 시기를 같이한다. 성의 역사를 서술하는 이 책에서 근대 초기와 근대 후기를 구분하는 것은 큰 의미가 없다. 초기와 후기로 나뉠 정도로 섹슈얼리티의 개념에 획기적인 단절이 생기는 것은 아니기 때문이다. 괄목할 만한 사건이 있다면 18세기 말에 단성성이 양성성으로 확실하게 전환되었다는 것이다. 그렇지만 그러한 변화에 상응하는 섹슈얼리티의 변동을 찾을 수가 없었다. 근대는 르네상스에 허용되었던 성적 자유가 중앙집권화와 더불어 성적 억압이 강화되는 과정이기 때문이다. 바로 이러한 이유로 근대와 구별되는 현대를 20세기 중반으로 잡았다. 근대 전기와 후기로 구분한 이유는 글 흐름의 편의를 위해서다. 근대 전기에서는 주로 남자와 여자 성역할의 전도와 양성성을 다루고, 근대 후기에서는 성적 억압이 주된 주제가 될 것이다. 이러한 이유로 이 장에 근대 후기에 해당하는 내용이 포함되어 있기도 하다. 참고로 이 글을 준비하기 위해 의지했던 여섯 권으로 된《섹슈얼리티의 문화사》는 근대 전기를 계몽주의 시대, 근대 후기를 제국의 시대로 분류했다. 이러한 구별을 따르지 않은 것은 계몽과 제국이라는 테제는 섹슈얼리티의 변화를 이해하는 데에 도움이 되지 않기 때문이다.

83— 피터 브룩스,《육체와 예술》이봉지·한애경 역, 서울: 문학과지성사, 2000. 2장
〈사적 생활에의 침입: 소설 속에 나타난 육체〉.

84— 이매뉴얼 월러스틴,《근대세계체제: 자본주의적 농업과 16세기 유럽
세계경제의 기원》나종일 외 역, 서울: 까치, 2013. 162-63.

85— 에번스 프리차드,《누아르족》박동성 역, 지만지. 107.

86— 이노구치 다카시,《국가와 사회》이형철 역, 서울: 나남, 1990. 37.
황영주, 〈초기근대국가 형성에서 폭력의 문제〉 국제관계연구, Vol.15 No.2,
(2010), 224-225.
노르베르트 엘리어스,《문명화 과정》. 181-183.

87— 쥘 바르베 도르비이,《악마 같은 여인들》고봉만 역, 문학과 지성사. 124.

88— 미셸 푸코,《임상의학의 탄생》홍성민 역, 서울: 이매진, 2006. 17.

89— Michel Foucault,《Madness and Civilization》Tr. Richard Howard, New York:
Vintage Books, 1973. 270.

90— Michael McKeon,《The Secret History of Domesticity》, Baltimore: Johns
Hopkins UP, 2005. 272-277.
Charles Taylor,《A Secular Age》, Cambridge, Mass.: Belknap Press of Harvard
UP, 2007. 184.

91— 미셸 푸코, 《임상의학의 탄생》. 184.

92— 쥘 바르베 도르비이, 《악마 같은 여인들》. 145-146.

93— 에두아르트 푹스, 《캐리커처로 본 여성 풍속사》 전은경 역, 서울: 미래M&B, 2007. 227.

94— 외젠 이오네스코, 《외로운 남자》 이재룡 역, 파주: 문학동네, 2010. 99.

95— 에두아르트 푹스, 《풍속의 역사 Ⅱ: 르네상스》. 30-31.

96— 필립 아리에스, 《사생활의 역사 Ⅲ: 르네상스부터 계몽주의까지》 이영림 역, 서울: 새물결, 2002. 286.

97— 필립 아리에스, 《사생활의 역사 V: 제1차 세계대전부터 현재까지》 김기림 역, 서울: 새물결, 2006. 169.

98— Stephen Kern, 《The Culture of Love》, Cambridge, Mass.: Harvard University Press, 1992. 340.

99— Thomas Walter Laqueur, 《Making Sex》, Cambridge, Mass.: Harvard UP, 1990. 157.

단성성 모델과 양성성 모델에 대한 설명은 토마스 라커의 설명에 의존했다. 그러나 그에 대한 반박도 있다. 〈Itarinaries of One-Sex Body〉에서 캐서린 파크(Katharine Park)는 고대 문헌에는 단성성에 대한 기록이 거의 없으며, 있다고 해도 중요하지 않은 듯이 가볍게 언급했다고 지적했다. 그리고 여자의 성기를 남자의 상동기관으로 설명한 갈레노스의 문헌도 1317년에야 라틴어로 번역되었고 이후로도 별로 참고된 적이 없기 때문에 단성성을 지배적인 견해로 보는 것은 무리라고 주장했다(Linda Kalof Ed., 《A Cultural History of the Human Body Ⅱ》. 146). 그러나 필자는 캐서린 파크의 지적이 정당하기는 하지만 라커의 단성성과 양성성 구분을 무효화시키지는 못한다고 생각한다. 필자는 히포크라테스나 갈레노스를 비롯해서 아리스토텔레스도 남녀 성의 상동성을 하나의 이론으로서 제시하지는 않았다고 본다. 그것은 그들이 해결하거나 고민해야 할 문제의 장에 들어오지 않았다. 해부학과 산부인학이라는 새로운 관점이 도입이 될 때에만 문젯거리가 되는 것이다. 그러한 학문적인 문제의식을 가지고 있지 않았기 때문에 남녀의 차이를 과학적이 아니라 문화적으로 해석할 수밖에 없었다. 라커가 주장하는 단성성과 양성성의 구별은 생물학적이거나 해부학적이 아니라 이데올로기적인 것이다. 이 점에서 필자는 그의 구별이 섹슈얼리티의 변화를 설명하는 데 유용하나고 생각한다. 이 책의 결론에서 필자는 현대의 섹슈얼리티를 다성성으로 규정했다.

100— Bette Talvacchia Ed., 《A Cultural History of Sexuality Ⅲ》. 136.

101— Pauline Schmitt Pantel, 《A History of Women in the West Ⅲ》. 521.

102— Thomas Walter Laqueur, 《Making Sex》. 156.

103— Pauline Schmitt Pantel, 《A History of Women in the West Ⅲ》. 522.
Pauline Schmitt Pantel, 《A History of Women in the West Ⅲ》. 353.

104— Pauline Schmitt Pantel, 《A History of Women in the West Ⅲ》. 512.
김형중, 〈씹어 먹는 자궁(Vagina Dentata): 천운영의 《바늘》에 대해〉, 진보평론
19(2004): 254-64.
Pauline Schmitt Pantel, 《A History of Women in the West Ⅲ》. 515-516.

105— Thomas Walter Laqueur, 《Making Sex》. 189에서 재인용.

106— Thomas Walter Laqueur, 《Making Sex》. 189에서 재인용.

107— Anna Clark, 《Desire: A History of European Sexuality》. 102.

108— Pauline Schmitt Pantel, 《A History of Women in the West Ⅲ》. 615.

109— Mark Michael, 《The Hysterical Men: The Hidden History of Male Nervous
Illness》, London: Harvard UP, 2008.

110— Pauline Schmitt Pantel, 《A History of Women in the West Ⅲ》. 516.

111— 김지혜, 〈19세기 후반 영국 정기간행물에 나타난 남성 히스테리〉, 역사와 문화,
18 (2009): 119-158.

112— 필립 아리에스, 《사생활의 역사 Ⅲ》. 319.

113— Anna Clark, 《Desire: A History of European Sexuality》. 150.

114— 알렝 꼬르벵, 《창부》 이종민 역, 서울: 동문선, 1995.

115— 스티븐 컨, 《문학과 예술의 문화사: 1840-1900》 남경태 역, 서울: 휴머니스트,
2005. 410.

116— Anna Clark, 《The History of Sexuality in Europe》. 296.

117— Pauline Schmitt Pantel, 《A History of Women in the West Ⅳ》. 203.

118— Pauline Schmitt Pantel, 《A History of Women in the West Ⅳ》. 214.

119— 스티븐 컨, 《육체의 문화사》 이성동 역, 서울: 의암출판, 1996. 14.

120— 스티븐 컨, 《육체의 문화사》. 16.

121— 스티븐 컨, 《문학과 예술의 문화사》. 21-37.
Stephen Kern, 《The Culture of Love: Victorians to Moderns》, Cambridge:
Harvard UP, 1992. 16-17, 232-238.

122— 이매뉴얼 월러스틴, 《근대세계체제》. 124.

123— 칼 폴라니, 《거대한 전환》 홍기빈 역, 서울: 길, 2009. 178.

124— 페르낭 브로델, 《물질문명과 자본주의 1: 일상생활의 구조》 주경철 역, 서울:
까치, 1995. 280.

125— 과거에는 인구의 증가가 거의 없었다. 평균수명이 스물다섯 살이던 로마
시대에는 종족의 보존을 위해서 여자는 평균 5명을 출산해야 했다. 성행위는
죽음과 불가분의 관계를 가지고 있었던 것이다. 슬프게도 그것은 죽음을
상기시켰다. (Peter Brown, 《Body and Society》, New York: Columbia UP, 1988.
86.) 근대 초기인 15세기에서 18세기까지 4세기 동안 인구가 두 배 증가했다.
그러던 것이 100년 사이 두 배로 증가한 것이다. 이것은 인류 최초의 인구
폭발로 볼 수 있다. Krishan Kaumar, 〈Modernization and Industrialization〉,
《Modernity Critical Concepts I》, Ed. Malcolm Waters, Loncon: Routledte,
1999. 82) 그리고 에릭 홉스봄, 《제국의 시대》(김동택 역, 서울: 한길사, 1998.
88.)를 참고하기 바람.

126— 페르낭 브로델, 《물질문명과 자본주의 1: 일상생활의 구조》. 78.

127— 이매뉴얼 월러스틴, 《근대세계체제》. 305-306.

128— 모리스 에이치 돕, 《자본주의 발전연구》 이선근 역, 서울: 동녘, 1986. 259.

129— Hera Cook, 〈Sexualiy and Contraception in Modern England: Doing the
History of Reproductive Sexuality〉, Journal of Social History 40.4 (Summer
2007): 915-932.
Hera Cook, 《The Long Sexual Revolution: English Women, Sex and
Contraception 1800-1975》, Oxford UP, 2004.

130— Peter N. Stearns, 《Sexuality in World History》, New York: Routledge, 2009. 82,
79-88.

131— Jacques Barzun, 《From Dawn to Decadence》. 449.
John Cleland, 《Fanny Hill: Memoirs of a Woman of Pleausure》, 1749.

132— 슐람미스 샤하르,《제4신분, 중세 여성의 역사》. 241.

133— Pauline Schmitt Pantel,《A History of Women in the West Ⅲ》. 532.

134— 19세기, 특히 19세기 후반에 영국에서 성적 억압이 심했다는 일반적 견해에
대해서 푸코는 반론을 제기했다. 그는《성의 역사 I》에서 이러한 의견을
'억압 가설'이라 명명하고 빅토리아 시대에는 어느 때보다도 성적 담론이
활발했다고 주장했다. 푸코의 주장처럼 성에 대한 학문적 담론이 활발했다는
것은 부정할 수가 없다. 그러나 학문적 담론의 팽창이 일상에서 성적 자유의
확대를 의미하는 것은 아니었다. 헤라 쿡(Hera Cook)이 주장하듯이 빅토리아
시대에는 성적인 억압이 지배하던 시대였다(Hera Hook,《The Long Sexual
Revolution》. Ed. Anna Clark,《The History of Sexuality in Europe》. 118-129).
참고로 피터 게이(Peter Gay)는 빅토리아 시대에 쓰인 일기 등을 검토하면서
당시에도 성적으로 왕성한 부부들이 적지 않았다고 주장했다. 하지만 그렇지
않았던 시대가 어디에 있었겠는가. 성을 즐기는 사람들이 있었다는 주장을
성적 자유가 시대의 지배적 정서였다는 주장과 혼동하면 안 된다. 그의
5권으로 된 방대한 저작《The Bourgeois Experience: Victoria to Freud》(New
York: Oxford UP, 1984.)을 참고하기 바람.

135— Julian B. Carter. Durham, N. C,《The Heart of Whiteness: Normal Sexuality
and Race in America, 1880-1940》, Duke University Press, 2007.

136— 고트프리트 리슈케,《세계풍속사 Ⅲ: 마릴린 먼로에서 마돈나까지》, 서울: 까치,
2001. 7-8.

137— 미셸 푸코,《성의 역사 I》고광식 역, 파주: 다락원, 2009. 124.

138— 스티븐 컨,《문학과 예술의 문화사》. 19.

139— 필립 아리에스,《사생활의 역사 Ⅲ》. 280.

140— 타소,《사람들의 건강에 대한 의견 Avis au Peuple sur sa Sant?》.

141— 스티븐 컨,《문학과 예술의 문화사》. 176.

142— 스티븐 컨,《문학과 예술의 문화사》. 164.

143— 미셸 푸코,《성의 역사 I》.

144— Jacques Barzun,《From Dawn to Decadence》. 553.

145— Anna Clark,《Desire: A History of European Sexuality》. 139.

146— 앙헬리스 마스트레타,《내 생명 앗아가주오》강성식 역. 파주: 문학동네, 2010. 30.

147— 잉겔로레 에버펠트, 《유혹의 역사》, 강희진 역, 서울: 미래의창, 2009. 158-159.

148— 파울 프리샤우어, 《세계풍속사 II》, 서울: 까치, 2001. 280.

149— 필립 아리에스, 《사생활의 역사 V》. 387.

150— Stephen Kern, 《The Culture of Love》. 331-332.

151— 프리샤우어, 파울, 《세계풍속사 II》. 248.

152— 변기찬, 〈매독의 여성사적 의미〉, 역사와 문화, 6 (2003), 144.

153— 변기찬, 〈매독의 여성사적 의미〉, 역사와 문화, 6 (2003), 140.

154— Jack Kerouac, 《On the Road》. 264.

155— Susan Bordo, 《The Male Body: A New Look at Men in Public and in Private》, New York: Farrar, Straus and Giroux, 2000. 124.

156— Julie Peakman Ed., 《A Cultural History of Sexuality IV》. 167.

157— 김미영, 〈킨제이를 통해 본 자유주의 성해방론과 그에 대한 비판〉, 사회와 이론, 7 (2005). 215-259; 210.

158— Jacques Barzun, 《From Dawn to Decadence》. 132.

159— Peter Diamandis, 《Abundance: The Future is Better Than You Think》.

160— Susan Sontag, 《Illness as Metaphor》, New York: Farrar, Straus and Giroux, 1978.

161— Elizabeth Watkins, 《Long Sexual Revolution》.

162— 미셸 푸코, 《성의 역사 I》.

163— Linda Kalof Ed., 《A Cultural History of the Human Body II》. 146.

164— Linda Kalof Ed., 《A Cultural History of the Human Body II》. 73.
Carole Reeves, 《A Cultural History of the Human Body IV, In the Age of Enlightenment》, Oxford: Berg, 2010. 136.

165— 연합뉴스, 2007년 4월 4일.

166— Anne Fausto-Sterling, 《Sexing the Body: Gender Politics and the Construction of Sexuality》, New York, NY: Basic Books, 2000. 45-46.

167— 제프리 밀러, 《메이팅 마인드: 섹스는 어떻게 인간 본성을 만들었는가?》 김명주

역, 서울: 소소 , 2004. 361.

168— Anne Fausto-Sterling,《Sexing the Body》. 48-54.

169— 파울 프리샤우어,《세계풍속사》. 38.

170— Nancy Friday,《The Power of Beauty》, New York: Harpercollins, 1996. 392.
1994년 시카고 대학의 'Sex in America' 조사 결과, 파트너의 나체를 보고
매력을 느끼냐(watching their partners undress, very appealing)라는 질문에
18세-44세의 여성 30%와 45세 이상의 여성 18%가 그렇다고 응답했다.
같은 나이대의 남자의 경우, 50%와 40%가 그렇다고 응답했다.

171— 〈여성의 성욕〉을 참고하기 바람. 이 에세이는 프로이트의 책《성욕에 관한
세 편의 에세이》(김정일 역, 서울: 열린책들, 1996. 195-224.)에 실려있다.
수동적인 여자의 전형은 장식용 인형이다.《우리 서로의 친구 Our Mutual
Friend》에서 디킨즈는 그러한 인형의 역할에 저항하는 여성으로 벨라(Bella
Walfer)를 제시한다. 입센은 "나는 인형의 집에 있는 인형보다는 가치가 있는
삶을 살고 싶어."라는 그녀의 말에 착안해서《인형의 집》이라고 페미니즘적
작품 제목을 붙였다. 벨라는 다음과 같이 외치기도 한다. "나는 돈이 좋아,
돈을 원해." 빅토리아 시대에 이와 같이 적나라하게 물질적 욕망을 드러내는
것은 지극히 천박한 행동으로 간주되었다. 그러나 여기에서 '나는 돈이 좋아'는
'나는 섹스가 좋아'와 등가적이라고 할 수 있다. 집안의 천사라면 '나는 섹스가
싫어'라고 말해야 한다.

172— 프로이트, 〈나르시시즘〉,《성욕에 관한 세 편의 에세이》, 김정일 역, 서울:
열린책들, 1996.

173— Peter Gay,《The Bourgeois Experience: Victoria to Freud》. 148.

174— 지그문트 프로이트, 〈여성의 성욕〉,《성욕에 관한 세 편의 에세이》. 201.

175— 익명의 저자,《아리스토텔레스의 역작》.

176— 앙헬리스 마스트레타,《내 생명 앗아가주오》. 17-18.

177— 파울 프리샤우어,《세계풍속사》. 43.

178— 파울 프리샤우어,《세계풍속사》. 54-56.

179— Linda Kalof Ed.,《A Cultural History of the Human Body Ⅱ》. 61.

180— Linda Kalof Ed.,《A Cultural History of the Human Body Ⅱ》. 50.

181— 허호익, 〈동성애에 관한 핵심 쟁점〉, 장신논단, 38. 237-260, 242.

182— 필립 아리에스,《사생활의 역사 V》. 791.

183— 윤조원, 〈페미니즘과 퀴어 이론, 차이와 공존: 테레사 드 로레티스, 이브 세지윅,
주디스 버틀러를 중심으로〉, 영미문학페미니즘, Vol.17 No.1, [2009], 136.

184— 빌헬름 라이히,《문화적 투쟁으로서 성》박설호 편역, 서울: 솔출판사. 1996.
1006.

허버트 마르쿠제,《에로스와 문명》김인환 역, 서울: 나남, 1989.

185— 루돌프 센다,《욕망하는 몸: 인간의 육체에 관한 100가지 이야기》박계수 엮음,
서울: 뿌리와이파리, 2007. 342.

계정민, 〈근대 영국에서의 위계화된 남성 섹슈얼리티와 '홀로 저지르는 죄악'〉,

영어영문학, 54.4(2008).

권태준, 《한국의 세기 뛰어넘기》, 파주: 나남, 2006.

그리어, 저메인, 《아름다운 소년》보이), 정영문, 문영혜 옮김, 서울: 새문결, 2004.

그린블랫, 스티븐, 《1417년, 근대의 탄생: 르네상스와 한 책 사냥꾼 이야기》,

이혜원 옮김, 서울: 까치글방, 2013.

김미영, 〈킨제이를 통해 본 자유주의 성해방론과 그에 대한 비판〉, 사회와 이론, 7(2005).

김지혜, 〈남성 히스테리〉, 역사와 문화, 18(2009).

김현, 박은수 공역, 《프랑스 명시선》, 서울: 동화출판사, 1972.

김형중, 〈씹어먹는 자궁(Vagina Dentata): 천운영의 《바늘》에 대해〉, 진보평론, 19(2004).

김훈, 《흑산》, 서울: 학고재, 2011.

꼬르벵, 알렝, 《창부》, 이종민 옮김, 서울: 동문선, 1995.

다이어맨디스, 피터, 《어번던스: 혁신과 번영의 새로운 문명을 기록한 미래 예측 보고서》,

권오열 옮김, 서울: 와이즈베리: 미래엔, 2012.

데이비스, 나탈리 제몬, 《여성의 역사 /3, 상 :르네상스와 계몽주의의 역설》, 조형준 옮김,

서울: 새물결, 1999.

──────────, 《여성의 역사 /3, 하: 르네상스와 계몽주의의 역설》, 조형준 옮김,

서울: 새물결, 1999.

도팽, 세실, 《폭력과 여성들》, 이은민 옮김, 서울: 동문선, 2002.

돕, 모리스 에이치, 《자본주의 발전연구》, 이선근 옮김, 서울: 동녘, 1986.

라이히, 빌헬름, 《문화적 투쟁으로서 성》, 박설호 편역, 서울: 솔출판사, 1996.

루슈디, 살만. 《한밤의 아이들 I》. 김진준 옮김. 파주: 문학동네, 2011.

리슈케, 고트프리트. 《세계풍속사 /3 :마릴린 먼로에서 마돈나까지》. 서울: 까치, 2001.

마르쿠제, 허버트. 《에로스와 문명》. 김인환 옮김. 서울: 나남, 1989.

마스트레타, 앙헬리스. 《내 생명 앗아가주오》. 강성식 옮김. 파주: 문학동네, 2010.

맥마흔, 대린. 《행복의 역사》. 윤인숙 옮김. 파주: 살림, 2008.

미시마, 유키오. 《가면의 고백》. 양윤옥 옮김. 파주: 문학동네, 2009.

밀러, 제프리. 《메이팅 마인드: 섹스는 어떻게 인간 본성을 만들었는가?》. 김명주 옮김.

    서울: 소소, 2004.

바흐찐, 미하일. 《프랑수아 라블레의 작품과 중세 및 르네상스의 민중문화》. 이덕형 옮김.

    서울: 아카넷, 2001.

반훌릭, 알. 에이치. 《중국성풍속사: 선사시대에서 明나라까지 》. 장원철 옮김. 서울: 까치,

    1993.

변기찬. 〈매독의 여성사적 의미–19세기 프랑스를 중심으로〉. 역사와 문화, 6 (2003).

브로델, 페르낭. 《물질문명과 자본주의 1: 일상생활의 구조》. 주경철 옮김. 서울: 까치, 1995.

브룩스, 피터. 《육체와 예술》. 이봉지, 한애경 공역. 서울: 문학과지성사, 2000.

비가렐로, 조르쥬. 《강간의 역사》. 이상해 옮김. 서울: 당대, 2002.

샤하르, 슐람미스. 《제4신분, 중세 여성의 역사》. 최애리 옮김. 파주: 나남, 2010.

쉔다, 루돌프. 《욕망하는 몸: 인간의 육체에 관한 100가지 이야기》. 박계수 엮음. 서울:

    뿌리와이파리, 2007.

아렌트, 한나. 《인간의 조건》. 이진우 옮김. 서울: 한길사, 1996.

아리에스, 필립. 《아동의 탄생》. 문지영 옮김. 서울: 새물결, 2003.

──────. 《사생활의 역사 / 1: 로마 제국부터 천 년까지》. 주명철, 전수연 옮김. 서울:

    새물결, 2002.

──────. 《사생활의 역사 / 2: 중세부터 르네상스까지》. 성백용 옮김. 서울: 새물결,

    2006.

──────. 《사생활의 역사 / 3: 르네상스부터 계몽주의까지》. 이영림 옮김. 서울:

    새물결, 2002.

──────. 《사생활의 역사 / 4: 프랑스혁명부터 제1차세계대전까지》. 전수연 옮김.

　　　　　　서울: 새물결, 2002.

　　　　　　. 《사생활의 역사 / 5: 제1차세계대전부터 현재까지》. 김기림 옮김. 서울:

　　　　　　새물결, 2006.

앙헬레스 마스트레타. 《내 생명 앗아가가주오》 강성식 옮김. 파주: 문학동네, 2010.

에버펠트, 잉겔로레. 《유혹의 역사》. 강희진 옮김. 서울: 미래의창, 2009.

에코, 움베르토. 《추의 역사》. 오숙은 옮김. 파주: 열린책들, 2008.

월러스틴, 이매뉴얼. 《근대세계체제 1: 자본주의적 농업과 16세기 유럽 세계경제의 기원》.

　　　　　　나종일 외 옮김. 서울: 까치, 2013.

윤조원. 〈페미니즘과 퀴어이론, 차이와 공존: 테레사 드 로레티스, 이브 세지윅, 주디스

　　　　　　버틀러를 중심으로〉. 영미문학페미니즘, 17.1 (2009).

이오네스코, 외젠. 《외로운 남자》. 이재룡 옮김. 파주: 문학동네, 2010.

임종수·박세헌. 〈섹슈얼리티 그리고 1970년대 선데이서울에 나타난 여성〉. 한국문학연구,

　　　　　　44 (2013).

전인권. 《남자의 탄생》. 서울: 푸른숲, 2003.

춘레이, 샤오. 《욕망과 지혜의 문화사전 몸》. 유소영 옮김. 파주: 푸른숲, 2006.

컨, 스티븐. 《문학과 예술의 문화사: 1840–1900》. 남경태 옮김. 서울: 휴머니스트, 2005.

　　　　　　. 《육체의 문화사》. 이성동 옮김. 서울: 의암출판, 1996.

탱, 루이-조르주. 《사랑의 역사》. 이규현 옮김. 서울: 문학과지성사, 2010.

폴라니, 칼. 《거대한 전환》. 홍기빈 옮김. 서울: 길, 2009.

푸코, 미셸. 《성의 역사 I》. 고광식 옮김. 파주: 다락원, 2009

　　　　　　. 《임상의학의 탄생》. 홍성민 옮김. 서울: 이매진, 2006.

폭스, 에두아르트. 《캐리커처로 본 여성 풍속사》. 전은경 옮김. 서울: 미래M&B, 2007.

　　　　　　. 《풍속의 역사 /1: 풍속과 사회》. 이기웅, 박종만 옮김. 서울: 까치, 1988.

　　　　　　. 《풍속의 역사 /2: 르네상스》. 이기웅, 박종만 옮김. 서울: 까치, 1986.

　　　　　　. 《풍속의 역사 /3: 色의 시대》. 이기웅, 박종만 옮김. 서울: 까치, 1987.

　　　　　　. 《풍속의 역사 /4: 부르조아의 시대》. 이기웅, 박종만 옮김. 서울: 까치, 1986.

프레스, 즈느비에브. 《여성의 역사 /4, 상: 페미니즘의 등장 : 프랑스 대혁명부터

　　　　　　제1차세계대전까지》. 서울 : 새물결, 1998.

_____. 《여성의 역사 /4, 하: 페미니즘의 등장 : 프랑스 대혁명부터
　　제1차세계대전까지》. 서울: 새물결, 1998.

플랑드렝, 쟝 루이. 《성의 역사》. 편집부 옮김. 동문선, 1994.

프로이트, 지그문트. 〈여성의 성욕〉. 《성욕에 관한 세 편의 에세이》. 김정일 옮김. 서울:
　　열린책들, 1996.

프리샤우어, 파울. 《세계풍속사 /1-2》. 서울: 까치, 2001.

하우저, 아르놀트. 《문학과 예술의 사회사 / v. 1: 선사시대부터 중세까지》. 서울: 창작과
　　비평사, 1999.

허호익. 〈동성애에 관한 핵심 쟁점: 범죄인가, 질병인가, 소수의 성지향인가?〉. 장신논단,
　　38(2010).

홉스봄, 에릭. 《제국의 시대》. 김동택 옮김. 서울: 한길사, 1998.

황영주. 〈초기근대국가 형성에서 폭력의 문제〉. 국제관계연구, 15.2(2010).

猪口孝(다카시, 이노구치). 《국가와 사회》. 이형철 옮김. 서울: 나남, 1990.

Aristotle. Problems. Cambridge, Mass. : Harvard University Press, 1965-1970.

_____. The works of Aristotle the famous philosopher. [Boston, MA]:
　　IndyPublish.com, 2006.

Barzun, Jacques. From Dawn to Decadence. New York : HarperCollins, 2001.

Bordo, Susan. The Male Body: A New Look at Men in Public and in Private.
　　New York: Farrar, Straus and Giroux, 2000.

Braudel, Fernand. The Structure of Everyday Life: Civilization and Capitalism 15th to
　　18th Century I. Tr. Sian Reynolds. New York: Harper and Row, 1981.

Brown, Peter. Body and Society. New York: Columbia UP, 1988.

Carter, Julian B. (N. C. Durham.?) The Heart of Whiteness: Normal Sexuality and
　　Race in America, 1880-1940. ? : Duke University Press, 2007.

Clark, Anna. Desire: A History of European Sexuality. London: Routledge, 2008.

_____. The History of Sexuality in Europe: A Sourcebook and Reader. London:
　　Routledge, 2011.

Cook, Hera. "SEXUALITY AND CONTRACEPTION IN MODERN ENGLAND:

DOING THE HISTORY OF REPRODUCTIVE SEXUALITY." Journal of
Social History 40.4 (Summer 2007).

_____. The Long Sexual Revolution: English Women, Sex and Contraception
1800-1975. Oxford UP, 2004.

Crozier, Ivan. A cultural history of the human body. Volume 6, In the modern age.
Oxford: Berg, 2010.

Dover, Kenneth James. Greek Homosexuality. Cambridge : Harvard UP, 1978.

Duby, Georges and Michelle Perrot, Eds. History of Women in the West, Volume I:
From Ancient Goddesses to Christian Saints. New York: Belknap Press, 1994.

Duby, Georges and Michelle Perrot, Eds. History of Women in the West, Volume II:
Silences of the Middle Ages. New York: Belknap Press, 1994.

Fausto-Sterling, Anne. Sexing the Body: gender politics and the construction of
sexuality. New York, NY: Basic Books, 2000.

Foucault, Michel. Madness and Civilization. Tr. Richard Howard. New York : Vintage
Books, 1973.

Friday, Nancy. The Power of Beauty. New York: Harpercollins, 1996.

Garrison, Daniel H. A cultural history of the human body.Volume 1,In antiquity.
Oxford : Berg, 2010.

Gay, Peter. Freud : a life for our time. New York : Norton, 1988.

_____. The Bourgeois Experience: Victoria to Freud. New York: Oxford UP, 1984.

Gil, Daniel Juan. "Before intimacy: Modernity and emotion in the early modern
discourse of sexuality." ELH 69.4 (Winter 2002).

Halperin, David. "The democratic body: prostitution and citizenship in classical
Athens." differnces 2/1(1990).

Heineman, Elizabeth. "Sexuality and Nazism: The doubly unspeakable?" Journal of
the History of Sexuality 11.1/2 (Jan/Apr 2002).

Homer. The Odyssey. Tr. Robert FItzgerald. New York: Anchor Book, 1963.

Hook, Hera. "The Long Sexual Revolution." The History of Sexuality in Europe.

London: Routledge, 2011.

Kalof, Linda. Ed. A cultural history of the human body.Volume 2,In the medieval age. Oxford : Berg, 2010.

Kalof, Linda and Bynum, William. Eds. A cultural history of the human body. Volume 3, In the Renaissance. Oxford : Berg, 2010.

Kaumar, Krishan. "Modernization and Industrialization." Modernity Critical Concepts I, Ed. Malcolm Waters. Loncon: Routledte, 1999.

Kern, Stephen. The Culture of Love. Cambridge, Mass. : Harvard University Press, 1992.

Laqueur, Thomas Walter. Making Sex. Cambridge, Mass.: Harvard UP, 1990.

McKeon, Michael. The Secret History of Domesticity. Baltimore: Johns Hopkins UP, 2005.

Michael, Mark. The Hysterical Men: The Hidden History of Male Nervous Illness. London: Harvard UP, 2008.

Moxnes, Halvor. "Putting Jesus in his Place." The history of sexuality in Europe. London: Routledge, 2011.

Paglia, Camille. Sexual Personae. New York : Vintage Books, 1991.

Pantel, Pauline Schmitt. A history of women in the West. v. 1, From ancient goddesses to Christian saints. Ed. Pauline Schmitt Pantel. Tr. Arthur Goldhammer. Cambridge, Mass.: Belknap Press of Harvard UP, 1992.

Golden Mark and Peter Toohey. Eds. A cultural history of sexuality.1,in the classical world : [800 B.C.E to 350 C.E.]. Oxford [u.a.] : Berg, 2011.

Evans, Ruth. Ed. A cultural history of sexuality.2,in the Middle Ages : [350 C.E. to 1450]. Oxford [u.a.] : Berg, 2011.

Talvacchia, Bette, Ed. A cultural history of sexuality.3,in the Renaissance : [1450 to 1650]. Oxford [u.a.] : Berg, 2011.

Peakman, Julie. Ed. A cultural history of sexuality.4,in the Enlightenment : [1650 to 1820] . Oxford [u.a.] : Berg, 2011.

Beccalossi, Chiara and Ivan Crozier. Eds. A cultural history of sexuality.5,in the age of empire : [1820 to 1900]. Oxford [u.a.] : Berg, 2011.

Hekma, Gert. Ed. A cultural history of sexuality.6,in the modern age : [1900 to 2000]. Oxford [u.a.] : Berg, 2011.

Rabtnowitz, Nancy Sorkin. and Lisa Auanger. Among Women: From the Homosocial to the Homoerotic in the Ancient World. Austin: University of Texas Press, 2002.

Reeves, Carole. A cultural history of the human body. Volume 4, In the Age of Enlightenment. Oxford : Berg, 2010.

Rich, Adrienne. "Compulsory Heterosexuality and Lesbian Existence." Blood, Bread and Poetry: Selected Prose 1979-1985. London: Virago, 1987.

Sappol, Michael. Rice, Stephen P. A cultural history of the human body. Volume 5, In the age of empire. Oxford : Berg, 2010.

Sedgwick, Eve. Between Men: English Literature and Male Homosocial Desire. New York: Columbia UP, 1985.

Sontag, Susan. Illness as Metaphor. New York: Farrar, Straus and Giroux, 1978.

Stearns, Peter N. Sexuality in World History. New York : Routledge, 2009.

Taylor, Charles. A secular age. Cambridge, Mass.: Belknap Press of Harvard UP, 2007.

Theweleit, Klaus. Male Fantasies. Minneapolis: University of Minnesota Press, 1987-1989.

Toulalan, Sarah. The Routledge History of Sex and the Body. Abingdon, Oxon : Routledge, 2013.

Wolfthal, Diane. Images of Rape: The 'Heroic' Tradition and its Alternatives. New York : Cambridge UP. 2000(1999).

Yalom, Marilyn. A history of the breast. New York : Ballantine Books, 1997.

침대 위 섹슈얼리티 잔혹사

당하는 여자 하는 남자

초판 1쇄 발행 2014년 4월 19일
개정판 1쇄 발행 2020년 1월 10일

지은이 김종갑
펴낸이 김한청

책임편집 이건진
표지 디자인 여만엽
본문 디자인 땡스북스 스튜디오 김욱
마케팅 최원준, 최지애, 설채린
펴낸곳 도서출판 다른

출판등록 2004년 9월 2일 제2013-000194호
주소 서울시 마포구 동교로27길 3-12 N빌딩 2층
전화 02-3143-6478 팩스 02-3143-6479 이메일 khc15968@hanmail.net
블로그 blog.naver.com/darun_pub 페이스북 /darunpublishers

ISBN 979-11-5633-275-6 03330